E Flegel

Vom Niger-Benue - Briefe aus Afrika

E Flegel

Vom Niger-Benue - Briefe aus Afrika

ISBN/EAN: 9783744683760

Hergestellt in Europa, USA, Kanada, Australien, Japan

Cover: Foto ©ninafisch / pixelio.de

Weitere Bücher finden Sie auf **www.hansebooks.com**

Vom Niger-Benûe.

Briefe aus Afrika

von

Eduard Flegel.

Herausgegeben von Karl Flegel.

Leipzig.
Verlag von Wilhelm Friedrich
K. R. Hofbuchhändler.
1890.

Vorwort.

ährend des Erscheinens vorliegender Briefe des Afrikareisenden Eduard Flegel in der „Deutschen Revue" legte der K. R. Hofbuchhändler Herr W. Friedrich in Leipzig mir nahe, dieselben auch in Buchform herauszugeben, und ich folge dieser Aufforderung gern; gereicht es mir doch zur besonderen Genugthuung, etwas zur richtigeren Würdigung der mir teuren Person des Verewigten beizutragen.

Indess die Briefe in der „Deutschen Revue" ohne jede Beilage erschienen sind, halte ich es hier für passend, die Beilagen, wie sie den Briefen an mich von ihrem Verfasser hinzugefügt wurden, gleichfalls zu veröffentlichen, weil aus ihnen mit der rechte Einblick in die umfassenden Pläne des deutschen Pioniers am Niger-Benue gewonnen und zugleich ersehen werden kann, dass es nicht an ihrem Urheber gelegen hat, wenn diese Pläne für jetzt gescheitert sind.

Korphu, im Oktober 1889.

K. Flegel.

Einleitung.

Am 13./1. Oktober 1852 zu Wilna in Russland geboren, erhielt Eduard Flegel in Mitau und Riga eine durchaus deutsche Erziehung und siedelte, nachdem er Deutschland bereits früh auf Ferienreisen kennen gelernt, im Jahre 1871 ganz dahin über.

Vom März 1872 bis April 1873 weilte Flegel in München, woselbst er die Friedlein'sche Handelsschule besuchte und absolvierte. In jener Stadt hatte er das Glück, in hervorragenden Künstler- und Gelehrtenkreisen zu verkehren. Dort geschah es auch, dass er einer jungen Amerikanerin aus Boston begegnete, die ein Wilhelm von Kaulbach durch die Benennung „Veilchen" ausgezeichnet hatte, eine Begegnung, die sich für Flegel als im höchsten Grade bedeutsam erwies wegen der nachhaltigen Neigung, die er zu ihr fasste.

Noch durfte er ihr freilich nicht nahen mit seinen Wünschen, erst musste eine ihrem Reichtum entsprechende Stellung in der Welt errungen sein, und so reifte in ihm mit rascher Sicherheit der Entschluss, über See zu gehen und dort mit Einsetzung der jungen Kräfte nach grossen Dingen zu streben. Er ging zunächst nach Hamburg, um von dort aus die Verhältnisse in Afrika, speziell die von Guinea, zu studieren, und erkannte bald, wie sehr der grosse Sohn Hamburgs, Dr. Heinrich Barth, Recht hatte mit seiner Ansicht von der Wichtigkeit des Niger-Benuegebietes.

Im September 1875 schloss Flegel mit dem Hamburger Hause Gaiser & Witt einen dreijährigen Kontrakt und ging an die Sklavenküste, wo er abwechselnd in Lagos und Palma den Interessen des Hauses diente, zugleich aber nicht versäumte, sich für den Beruf eines Entdeckungsreisenden gehörig vorzubereiten; er suchte seinen Körper an Strapazen in dem gefährlichen Küstenklima zu gewöhnen, lernte arabisch und verschiedene Negersprachen und entwarf Pläne für die Zukunft.

So kam das Jahr 1879 heran, Flegel war aus dem Dienst des Handelshauses getreten und wartete nur auf günstige Gelegenheit, um seine Pläne zu verwirklichen, was aber nicht so leicht war; denn dazu gehörten grössere Mittel als diejenigen, über welche er zur Zeit verfügte. Und die erwünschte Gelegenheit bot sich. Der Rechnungsführer auf dem Missionsschiff „Henry Venn" von der Church Missionary Society musste infolge von Erkrankung den Dienst aufgeben, und der Agent der Gesellschaft engagierte nun Flegel für den vakanten Posten, nachdem er ihm kurz zuvor die Fahrt als Passagier abgeschlagen hatte.

Dass Flegel es war, welcher der Expedition des „Henry Venn" den Benue hinauf von Juli bis September 1879 reiche geographische Früchte abgewann, ist bekannt. Mit diesen Früchten kehrte er über England nach Deutschland zurück, nicht um auszuruhen — daran dachte der durch den Erfolg Gestärkte jetzt nicht mehr —, sondern um seine umfangreichen Pläne in bezug auf Entdeckungen mit handelspolitischer und kolonialer Spitze im deutschen Interesse zu verwirklichen. Als er daher von deutscher Seite die erhoffte, wenn auch recht bescheidene erste Unterstützung erhielt, schlug er voll patriotischen Stolzes die weit günstigere Stellung in englischen Diensten aus und widmete sich fortan bis zu seinem tragischen Untergang Deutschland.

Sein Hauptziel war zunächst das Land Adamaua am mittleren und oberen Benue. Doch hatte er bereits auf der Expepedition des »Henry Venn« Gelegenheit gehabt, zu bemerken, dass in Adamaua für einen europäischen Reisenden ohne Empfehlungen vom Sultan von Sokoto, dem Oberlehnsherrn des Landes, ein Vorwärtskommen undenkbar sei. Flegel musste also zuerst die grosse Reise nach Sokoto unternehmen, welche er denn auch von September 1880 bis April 1881 mit gutem Erfolge ausführte.

Jetzt galt es, die Mittel zur eigentlichen Reise nach Adamaua zu beschaffen, die lange auf sich warten liessen, aber schliesslich dem Reisenden doch die Möglichkeit gewährten, im Februar 1882 von Loko unter misslichen Verhältnissen aufzubrechen. Dennoch ging die Reise gut von statten. Im Mai war Flegel in Kontscha, im Juni in Jola, der Hauptstadt von Adamaua, wo er jetzt vom dortigen Herrscher freundlich aufgenommen wurde, und Ende August hatte er auch die Genugthuung, die Quellen des Benue bei Ngaundere zu entdecken. Auf dieser Reise hatte ihn ein angesehener, dem Kaufmannstande angehöriger Haussamann, Madugu Mai-Gassin-Baki aus Kano, begleitet, der ihm sehr nützlich war. Von den Benuequellen wäre nun Flegel gern dem Zuge seines Herzens gefolgt, das ihn nach dem Kongo lockte, wenn ihn nicht der Mangel an Mitteln zur Umkehr genötigt hätte.

Nach so bedeutenden Erfolgen, wie die Reise nach Sokoto und die Entdeckung der Benuequellen unbedingt sind, hätte Flegel nun sehr wohl eine Ruhepause eintreten lassen können. Er hätte wohl daran gethan, nach Deutschland zurückzukehren und sein Augenmerk mit dem nötigen Aufwand von Ruhe und Zeit darauf zu richten, aus den verschiedenartigsten Elementen, wie sie das Leben bietet, die soliden Stützpunkte herauszufinden, die zur Vollführung jedes grossen Werkes unerlässlich sind. Statt dessen glaubte er noch immer nicht genug geleistet zu haben, um in der Heimat in Anbetracht der Grösse seiner Pläne als Autorität zu gelten, obwohl die berufensten Beurteiler einig darin waren, seine bisherigen Leistungen als sehr hervorragende anzuerkennen. Ihm schien erst eine Reise vom Benue zum Kongo zu genügen, zu der er nach einem Sonett an

Professor Neumayer in Hamburg „kühnlich schon sein Wort verpfändet."

Flegels Pläne waren in der That gross, seine Zuversicht indes nicht geringer. Gerade in dem Sommer von 1883 war es, dass er seine „Drei Briefe an die Freunde deutscher Afrikaforschung und Kolonialpolitik" und zwei sehr bezeichnende Sonette gleichfalls kolonialpolitischen Inhalts verfasste; im ersten dieser Sonette stellte er die kürzlich von einem hohen preussischen Staatsbeamten ausgesprochene Vorstellung von der Macht Deutschlands über See zwar als recht wünschenswert, aber doch noch lange nicht als erreicht dar, während in dem zweiten die erlösende kolonialpolitische That dereinst gleichfalls vom Fürsten Bismarck mit Sicherheit erwartet wird, eine Erwartung, die sich bekanntlich in Jahresfrist glänzend erfüllte, obwohl die deutsche Nation in dieser Beziehung bei der Kürze der Zeit selbstverständlich auch heute noch keinen Vergleich mit den alten Kolonialvölkern aushält. Doch kann sich das ändern, wenn der Wille da ist.

Während Flegel nun in Lagos von neuem zum Aufbruch rüstete, reifte in dem bekannten Hallenser Krösus Dr. Emil Riebeck der Entschluss, die Ideen Flegels in bezug auf praktische Unternehmungen im Niger - Benuegebiet von deutscher Seite aus verwirklichen zu helfen. Gleichwohl waltet von jetzt an ein unseliges Geschick über der deutschen Sache in jenem so verheissungsvollen Gebiet. Der Brief Riebecks, der auf die Empfehlung des Professors Kirchhof in Halle Flegel für sein Unternehmen gewinnen wollte, traf wenige Tage zu spät in Lagos ein, der Forscher war kurz zuvor, Anfang September, abgereist, seine Verbindung mit der Küste blieb für viele Monate unterbrochen, und erst im April des nächsten Jahres gelangte der wichtige Brief in seine Hände, nicht ohne grosse Freude in ihm hervorzurufen, da er sah, dass der von ihm ausgestreute Samen aufzugehen begann.

Mitten im Berglande von Adamaua, in Bagnio, traf ihn der Brief. Vergeblich hatte Flegel von hier aus zum Kongo vorzudringen gesucht. Der König von Tibati verweigerte ihm

hartnäckig den Durchzug, auch mahnte ihn andauernde Krankheit, seinem Körper doch nicht das Äusserste zuzumuten, und
schliesslich trug auch noch der Inhalt des Riebeckschen Briefes
dazu bei, Flegel zu bestimmen, endlich wieder durch die Berührung mit dem Heimatboden stark zu werden.

Aber aus dem ersten so sehr verzeihlichen Fehler, dass
Flegel nicht gleich im März 1883 nach Entdeckung der Benuequellen nach Deutschland zurückgekehrt war, floss das übrige
Unheil, gewaltig anschwellend und schliesslich im tragischen
Untergang des Helden gipfelnd. Wohl ist dieser erste Fehler
mehr als verzeihlich, entsprang er doch aus dem liebenswürdig
bescheidenen Sinn Flegels oder, wenn man will, aus seiner Treue;
er wollte sein Wort in Bezug auf den Kongo einlösen, eine
bei seinen Gönnern erweckte Hoffnung nicht unerfüllt lassen,
aber viel kostbare Zeit und Kraft waren verloren und das
äusserst wichtige Heimischwerden Flegels in Deutschland ver-
mieden worden, was ihm später verhängnisvoll wurde.

Im August 1884 schiffte sich Flegel mit zwei Haussa-
leuten, dem bereits genannten Madugu Mai-Gassin-Baki und
dessen Landsmann Madugu Dan Tambari, nach Deutschland
ein und landete Anfangs Oktober in Hamburg. Der ehren-
volle, fast enthusiastische Empfang, der Flegel in Deutschland
und speziell in Berlin zuteil wurde, ist allen Freunden und
Verehrern desselben noch unvergessen. An Erholung war freilich nicht zu denken, da er sich bald vor die Erfüllung seiner
kühnsten patriotischen Wünsche gestellt sah, und er war nicht
der Mann, sich dabei zu schonen. Dadurch und durch den
Klimawechsel, auch wohl durch etwas jugendliche Unvorsichtig-
keit zog er sich Anfang Dezember eine schwere Lungenent-
zündung zu, von der er erst Anfang Januar genas. Inzwischen
hatte aber die ebenso rücksichtslose wie geldmächtige Konkurrentin
Flegels am Benue, die National African, jetzt Royal Niger
Comp., die günstige Gelegenheit benutzt, in Flegels Gebiet ein-
zubrechen, um sich die Früchte seiner langjährigen Arbeit mit
Gewalt anzueignen, nachdem er mehrfache Zumutungen, in
ihre Dienste zu treten, auf das entschiedenste abgelehnt

hatte, das letzte Mal noch während seiner Rekonvaleszenz in Berlin.

Während nun die Afrikanische Gesellschaft in Deutschland einen Dampfer für Flegel bauen liess und der Deutsche Kolonialverein seinem Ehrenmitglied eine durch öffentliche Sammlung aufzubringende Summe von 150000 Mark in Aussicht stellte, war die deutsche Kaufmannschaft, deren Mitwirkung Flegel ganz speziell brauchte, weniger leicht zu erwärmen, ebenso zog sich Dr. Riebeck zurück, der Flegel für sich allein haben wollte. Auf einen sehr beachtenswerten Antrag des Grosskaufmanns Colin in Stuttgart konnte Flegel leider zur Zeit nicht eingehen, weil er Senegambien betraf, während doch die deutsche Unternehmung am Benue durchaus zu Ende geführt sein wollte.

Anfang April 1885 verliess die von so viel Hoffnungen begleitete Expedition Flegels den Hafen von Hamburg, doch hätte er schwerlich ihre Leitung übernommen, wenn er an der Nachhaltigkeit der deutschen Kolonialbewegung für seine Zwecke am Benue den geringsten Zweifel gehabt hätte. Hierin hatte sich Flegel indes geirrt, während die Eifersucht der Engländer trotz der Berliner Niger- und Kongo-Akte eine sehr reale Macht blieb; und so war denn das Scheitern der Expedition und der Untergang ihres heldenmütigen Führers eine ebenso bedauerliche wie natürliche Folge der falsch berechneten Situation.

1. Brief.

Lieber Karl!

Ich bin nicht mehr so schreiblustig wie früher und ausser D., die eine ziemliche Portion von mir beschriebenen Papiers aufzuweisen haben dürfte, habe ich nur Wenigen pflichtschuldigst meine glückliche Ankunft an der Küste gemeldet und zwar weil ich freilich an überflüssiger Zeit zu bedeutenden Mangel habe, um meiner ehemaligen Neigung des zwecklosen Briefschreibens fröhnen zu können.

Entschuldige mich daher, so gut Du kannst bei unseren Verwandten und Bekannten, bitte sie, dass sie mich lieb behalten, bis ich wiederkehre, und in ihr Gebet einschliessen, falls das nicht der Fall sein sollte, und dass sie mir trotz meines Schweigens — freilich eine starke Zumutung —, wenn sie ein Stündlein freie Zeit übrig haben, schreiben sollen.

Ich glaube, es giebt kein zweites Land auf Erden, wo man so freudig einen Brief aus der Heimat begrüsst, als die Westküste Afrika's. Und wessen Briefe, Bruder, — sagst Du Dir das nicht selbst? — könnte ich mit grösserem Interesse begrüssen als die Deinen?

An Stoff zur Korrespondenz kann's uns nicht fehlen. Der beste, glaube ich, und ein unversiegbarer zugleich betrifft unsere eigene Zukunft, indem wir das, was wir einst zu thun gedenken, gründlich besprechen. Lass uns dieser materiellen Welt zeigen, was idealer Sinn zu leisten vermag!

Du gehst auf selbstgewählter schöner Bahn vorwärts; ich

habe mir auch ein Ziel gesteckt, es heisst: Afrika! Lass uns in Worten heute unsere grossen Thaten gegenseitig ausführen, um zu sehen, wie sie dem Anderen behagen und was er daran auszusetzen hat oder ob er nicht einen klugen Rat zur besseren Erreichung der Ziele weiss, etwas wird vielleicht doch mit der Zeit zur Wahrheit.

Ich kann wohl die Wirklichkeit von den lockenden, schönen Bildern meiner Phantasie unterscheiden. Ich weiss: was ich thun werde, wenn es mir vergönnt ist, eine Zeitlang meinen Plänen ausschliesslich zu leben, kann nur Stückwerk sein. Aber eine Biene allein kann die ganze Welt nicht mit Honig versorgen. Ich habe bescheidenen Sinn, und wenn es mir vergönnt ist, durch mein Streben auch nur einen brauchbaren Baustein dem stolzen Gebäude menschlichen Wissens und Erkennens anfügen zu können, so werde ich mich glücklich preisen.

Onkel K. würde mich zu grossem Dank verpflichten, wenn er mir ein praktisches Buch empfehlen oder mich, wenn es seine Zeit erlaubt, mit seiner Erfahrung belehren wollte, wie man sich und Andere bei vorkommenden Krankheitsfällen helfen kann. Obwohl ich selbst kostenfreie ärztliche Hilfe laut Kontrakt habe, so befindet sich doch in Palma selbst selbstredend kein Arzt, häufig werden Leute von den unseren wie von den Dorfbewohnern krank, namentlich an Fieber, Diarrhöe, oft blutiger Diarrhöe; ferner sind Leberanschwellungen häufig.

Wir haben hier eine kleine Apotheke, auch ein Buch, wie sie auf der See von den Kapitänen gebraucht werden, doch halte ich von beiden nicht viel und hege auch den Wunsch, selbst eine kleine bewegliche Apotheke zu besitzen. Ersuche Onkel, mir mit gutem Rat dabei an die Hand zu gehen. Grüsse ihn, sowie seine ganze Familie herzlich von mir.

Der Familie B. meinen herzlichen Gruss! Hat nicht eine meiner ehemaligen Gespielinnen oder Herr E. Zeit, mir ein Brieflein zukommen zu lassen? Die Eltern im Grabe grüsse auch, wenn Du sie besuchst.

Meine Bitte, mir eine gute Uhr anzuschaffen, wirst du

wohl erfüllt haben; ich füge eine zweite hinzu: kaufe mir einen Theodolith zu Azimuthal- und Höhenmessungen.

Ich hoffe, dass es Dir gut geht und wünsche, dass es uns allen für die Zukunft besser gehe.

Dein Eduard.

2. Brief.

Lagos, den 20. Dezember 1876.

Lieber Bruder!

Ich bin seit dem 22. September nach Lagos zur Führung der Bücher berufen, weil der Buchhalter seiner Leber wegen nach Europa musste, und werde wahrscheinlich für längere Zeit in dieser Stellung verbleiben. Das Klimafieber hat mir nun seinen Besuch abgestattet. Zwei Tage vor dem Jahrestage meiner Ankunft an der Küste am 8. Dezember musste ich mich legen und sitze und liege noch heute, obwohl alles überstanden, auf Befehl des Arztes, Kastoröl und Chinin schluckend, auf meinem Zimmer.

Die heutige Post brachte mir wieder einen Brief von D.; sie schreibt mir ganz heroisch, dass Du zum Manne herangereift wärest, der nun alles mit Ruhe tragen könne, was das Schicksal auch bringen mag, da Du den herbsten Schmerz überwunden, den ein junges Herz in dieser Welt auszukosten hat. Ist wirklich diese gewaltige Ruhe des Geistes in Dir herangereift? Es würde mich freuen, dies aus Deinem Munde zu hören, oder, da ja das nicht möglich ist, es schriftlich von Dir zu besitzen.

Es ist etwas Grosses um die Ruhe des Gemüts; ich meine, nur eine unerschütterliche Überzeugung von der Unabänderlichkeit des Schicksals oder seiner eigenen Kraft kann diese Ruhe verleihen. Ich wollt, ich könnte durch das Erste die Ruhe für meine Person gewinnen, allein:

„Zu jenen Sphären wag' ich nicht zu dringen!"

und doch und doch: „Von Jugend auf daran gewöhnt."

Trink' mal in Auerbachs Keller ein Glas auf das Wohl

Deines Bruders in Afrika und, Bruderherz, lass bald von Dir
hören. Grüsse die Verwandten und sage ihnen, dass es mir
gut geht.

Dein Dich liebender Bruder E d u a r d.

3. B r i e f.

Lagos, den 8. Juni 1877.

Lieber Karl!

Dein schon des Dankes würdiges Geschenk, die von mir
gewünschte bewegliche Apotheke, ist nun bald drei Monate in
meinem Besitz, ohne dass ich Zeit und die nötige Ruhe des
Gemütes hätte finden können, um Dir dafür zu danken und
von dem bunten und doch so einförmigen Leben, das ich hier
führe, etwas mitzuteilen. Die Chininoblaten sind sehr angenehm
zu nehmen, da man durch sie dem unangenehm bitteren Ge-
schmack entgeht.

Inzwischen ist mir auch Nachricht von der Geographischen
Gesellschaft in Berlin geworden. Dr. K. schreibt, dass ich mich
nicht klar ausgedrückt habe, ob ich in die genannte Gesellschaft oder
in die Sektion dieser, die Afrikanische, aufgenommen zu werden
wünsche. Da ich mit den Bedingungen für die Aufnahme in
die erst genannte Gesellschaft nicht bekannt war, verwies ich
ihn an Dich und schrieb Dir ausführlich über meine Zwecke
und Wünsche, die dieser Eintritt mir erreichen helfen sollte;
jedenfalls ist der Brief verloren gegangen, da, wie der Herr
Sekretär schreibt, Du keine Auskunft über meine Absichten
geben konntest.

Mit diesem Schreiben geht zu gleicher Zeit ein Brief an
Dr. K. ab, welcher ihm alles Nötige mitteilt. Der Zweck
meines Eintritts ist hauptsächlich der, mit für Afrika interessier-
ten Persönlichkeiten in Berührung zu kommen und eine
dauernde Verbindung mit denselben anzubahnen, ich stelle mich
mit meinen Fähigkeiten der Gesellschaft als Mitglied derselben
zur Verfügung und arbeite und nütze den günstigen Aufent-
haltsort für die Gesellschaft, wie für mich und meine Pläne
zugleich aus.

Ob und wie sich diese Idee am besten wird ausführen lassen im Verein mit meinen Verpflichtungen gegen das Geschäft, wird die Zukunft lehren; kann ich ohne dasselbe unter noch so bescheidenen Verhältnissen hier an der Küste existieren, um so besser; denn ich gewinne nicht nur den ganzen langen Tag für mein Streben, sondern werde auch frei von dem schwer fühlbaren Druck der Abhängigkeit.

Was denkt man bei Euch darüber, dass die da hinten in der Türkei wieder aufeinander losschlagen? Die neuesten Nachrichten, die von Europa zu uns gedrungen sind, lauten recht weltbedrohend kriegerisch: England sei ein Bündnis mit Österreich eingegangen und habe Truppen nach Malta geschickt. Wird Deutschland neutral bleiben können, wenn „Europa hat Ruh" nicht mehr gesungen werden kann? Wird das Herz seinen ruhigen gleichen Gang beibehalten können, wenn das Blut in allen Adern des mächtigen Körpers siedet? Ich glaube schwerlich.

Der auf unserem Spaziergang nach Strassburg besprochene Fall könnte sich leider nach der augenblicklichen Lage verwirklichen und bald ein Weltkrieg auflodern, der seinen Einfluss auch nach unserer entfernten Küste erstrecken müsste, und darum will ich noch abstehen von meinem Vorhaben, mich hier naturalisieren zu lassen; wenn's Ernst wird, lass ich mich lieber vom Konsul nach Europa schicken, um in dem bekannten und gefürchteten blauen Rock mit einzugreifen in die gewaltigen Geschicke, die für den vorausgesetzten Fall eintreten müssen.

An Onkel habe ich auch noch nicht geschrieben, doch soll es bald geschehen, wenn ich nur erst wieder an Ort und Stelle bin. Ich soll Lagos wieder verlassen und wahrscheinlich wieder nach Palma. Meine Kisten und Kasten warten schon seit einer Woche in schönster Ordnung auf gefällige Ordre, doch ich muss ihnen Geduld predigen, bis der Herr Konsul und Chef-Agent in seiner Weisheit zum Entschlusse gelangt sein und mir das wohin und wann näher zu bezeichnen die Güte haben wird.

Bleibe gesund und schreibe bald Deinem Dich herzlich grüssenden Bruder

Eduard.

4. Brief.

Palma, den 6. Oktober 1877.

Lieber Karl!

Bezüglich Deines Gemütszustandes infolge des grossen Leides, das auch Dich getroffen, weiss ich keinen Rat, da ich für mich in der gleichen Lage selbst keinen weiss; dennoch will ich Dir einige Gedanken mitteilen, die auch vielleicht schon veraltet sind, wenn sie Dich erreichen.

Der Kulturmensch kann sich nach drei Weisen in ein glückliches Dasein hineinflöten: 1. nach der aus „Zar und Zimmermann": „O, ich bin klug und weise," wenn er die kurze Spanne Zeit, die ihm zum Leben gegeben ist, unter seinesgleichen, unter Menschen der Hochkultur verbringt und das Glück darin findet, diese aus viel Einbildung und ein Fünkchen Wahrheit bestehende Hochkultur mit Hülfe seines dürftigen Witzes zu übertrumpfen, oder 2., nach der Melodie des Kirchenliedes von der Welt und dem Jammerthale, mag das nun im christlich flauen oder faustisch welt- und himmel-reformierenden Sinne vom Betreffenden aufgefasst sein; dann wird er wieder das Glück im Genusse seiner selbst, dieses Mal jedoch fern von den Menschen der Hochkultur finden. Zu beidem bist Du nicht fähig, darum müssen wir uns an eine moderne Opernweise halten und nach ihr durchs Leben zu tanzen versuchen, denn die Weise, die ich meine, ist auch als Tanz bekannt und lautet: „Vorwärts mit frischem Mut," was keiner weiteren Umschreibung bedarf. Wonach alles, was lebt, sich sehnt, das ist die Befriedigung seiner zwiefachen Natur, seiner „zwei Seelen in der Brust," oder die vollstän-dige Befriedigung, doch das ist eine Unmöglichkeit vor dem Grabe.

Im Leben diese zwei Seelen zur grösstmöglichen Harmonie zu bringen, d. h. unser Wollen und Handeln mit unserem Denken und Erkennen des Rechtes in Übereinstimmung zu

bringen, ist alles, was wir vermögen, und bewusst der Unmöglichkeit der Erreichung eines Ideales, eines Vollkommenen
überhaupt, bewusst unserer Schwäche und Kleinheit, nach dem
Höchsten, dem Idealen vorwärts mit frischem Mut zu streben,
ist der dritte und allein richtige Weg, das böse, sich und seiner
Umgebung gefährliche Gefühl von den zwei Seelen in der
Brust zu bekämpfen.

Gefährlich nenne ich dieses Gefühl, weil es im stande
ist, jedem Glück und Ruhe zu rauben, der die Schlange an
seiner Brust erwärmt, und gefährlich für dessen Umgebung
auch, weil ein Mensch, der sich um Glück und Ruhe hat be-
trügen lassen, dieser nichts Gutes mehr zu bieten vermag.

Wo Dich dieses Schreiben wohl antrifft und wohin ich
noch mit der Zeit gerate, das sind zwei Fragen, die ich augenblicklich noch nicht zu beantworten weiss. Aber eines weiss
ich, dass meines Bleibens hier nicht mehr lange sein wird.
Ich war während meines Aufenthaltes in Lagos, wo viel Krankheit und eine unfruchtbare Arbeit mein Gemüt schon sehr be-
drückten, durch persönliche Angriffe und Kränkungen, durch
Gehässigkeit und Überhebungssucht meiner Kollegen dahin gebracht, meinen Kontrakt mitsamt einem Brieflein von Aussprüchen meiner Anschauungen über das unleidliche Verhältnis
meinem Vorgesetzten einzureichen.

Ich wurde wiederum nach Palma versetzt, wo ich neu
auflebte und mich wieder gesund und kräftig fühle; mein Vor-
gesetzter hier machte mir Aussichten, mir bald seine Stellung
einzuräumen, wenigstens sagte er, dass er sein Wort dafür
eingelegt, mit der Betonung, dass dieses seinen Wert habe.
Nun lullte ich mich in süsse Hoffnung der künftigen Herr-
schaft und des sicheren Fortschreitens meiner Pläne für die
Zukunft ein.

Da kommt am 28. September ein Brief, der mir anzeigt,
dass die Erneuerung meines Kontraktes nicht gewünscht wird,
ich also nach Ablauf der drei kontraktlichen Jahre entlassen
bin, und somit die Aussichten auf einen anständigen Verdienst,
der dann ja erst eintreten konnte, als das Fundament meiner

Ideen für die Zukunft zerstört, da mir ja auch während dreier Jahre der Aufenthalt an der Küste kontraktisch verwehrt ist.

Die Stellung des Agenten in Palma wird dann wahrscheinlich einem Neffen des Chefs zuteil werden, der eben frisch von England an die Küste gesandt ist. Ich habe wegen Erlaubnis des ferneren Aufenthaltes an der Küste geschrieben, doch was kann's nützen, der Eintritt in ein Konkurrenzhaus ist mir unfraglich verwehrt, und sonst giebts keine Beschäftigung einträglicher Art hier für mich.

Ich muss also nach Ablauf der drei Jahre nach Europa zurück und ich denke, der Süden Frankreichs oder Spaniens ist der beste Ort, wo ich immer in Beziehung mit Nord- und Nordwestafrika bleiben kann und wohl auch wieder eine passende Stellung nach einer anderen Gegend der Küste finde.

Ich schreibe Dir noch weiter über meine Gedanken und Absichten und möchte auch bald von Dir in dieser Angelegenheit hören. Hast Du München besucht und wie bist Du aufgenommen bei Abgabe meiner heiteren Empfehlungen? Lass mich bald und ausführlich über alles hören. Und dann, bitte, teile D. noch nichts von diesem Zwischenfall mit, sie sorgt sich unnütz meinetwegen ab, und ihr thun frohe Stunden besser.

Ich bin entschlossen, mit Hintansetzung meiner Person Afrika liebend zu umwerben; darum wenn Du mir etwas darauf Bezügliches, etwa über die Gesellschaft unter dem Protektorat des Königs der Belgier oder einen anderen Weg, der zu meinen Zielen führt, mitteilen könntest, wird's mir sehr willkommen sein.

Mit herzlichem Gruss Dein Dich liebender Bruder

Eduard,

der bald das 25jährige Jubiläum seiner Existenz feiern wird.

5. Brief.

Palma, den 10. Februar 1878.

Lieber Bruder!

Trotz aller Widerwärtigkeiten bin ich inzwischen zum Agenten in Palma befördert; zwar habe ich einen der vielen Neffen des Herrn G., der erst wenige Monate an der Küste ist, zum Teilhaber dieser Würde und wohl auch zum Wächter meiner Tugend dem Hause gegenüber beigeordnet bekommen als junior Agent, wodurch meine Stellung nicht gerade beneidenswert wird.

Indessen, ich bin so weit mit der Naturgeschichte zu meinem Troste vertraut, um zu wissen, dass aus einem Entenei kein Schwan zur Welt kommt und dass Geburt, wie man sich auch dagegen sträuben mag, immerhin in der Weltordnung viel zu bedeuten hat. Mein Herr Sozius ist übrigens ein ganz liebenswürdiger Junge, mit dem ich hoffentlich gut auskomme, wenn mir die Galle, von der man in den Tropen immer zu viel hat, nicht einen Streich spielt. Ich wollte mich hier anfangs im Sattel erhalten, doch habe ich es satt, jede Rücksichtslosigkeit schweigend hinzunehmen, und werde nun, auf die Gefahr hin, noch vor drei Jahren bei Dir zu sein, welche nicht gross ist, erforderlichen Falls einfach grob werden.

Ich habe bis heute noch keine Nachricht von dem Herrn Sekretär der Geographischen Gesellschaft in Berlin, ob ich aufgenommen werde oder nicht; verwende Dich, wenn Du kannst, auch dafür, dass ich Engagement als Kaufmann nach Zentral-Afrika erhalte bei der Internationalen Gesellschaft für Erforschung und Kultivierung genannten Erdstrichs zu Brüssel, welche unter dem Protektorat des Königs der Belgier vor nicht ganz einem Jahr ins Leben gerufen wurde.

Schreibe mir jedenfalls alles, was Du über genannte Gesellschaft in Erfahrung bringen kannst und verwende Dich bei vorkommender Gelegenheit für mich. Zu meinem Vorteile in der Sache wäre anzuführen der Entschluss, mit dem ich an die Küste gegangen, in Afrika meine Zukunft zu suchen, mein dreijähriger Aufenthalt an der Küste, Akklimatisierung meines Leibes, Kenntnisse im Umgang mit unseren schwarzen Brüdern und Schwestern, Kenntnis der Art und Weise des Handels, der sich in diesem Erdteil wohl überall sehr ähnelt, Vorkenntnisse des Arabischen und Begeisterung für die Sache. Physisch kannst Du mich rüstig genug hinstellen, um allen Beschwerlichkeiten ruhig entgegensehen zu können. Dass ich gut zu Fuss bin, weisst Du, und seit ich Agent geworden, sitze ich zu Ross, dass Du Deine Freude daran haben würdest.

Wenn ich nach Europa komme, müssen wir selbstredend die Zeit so gut wie möglich ausnützen, dann, wenn es sich irgend machen lässt, und das muss es wohl, gehe ich ein Jahr später wieder zurück und ins Herz hinein, selbst als ein heiliger Bonifazius der Afrikaner, wenn's nicht anders sein kann. An Italien dachte ich nun gerade nicht, Portugal, England, Frankreich sind mir wichtiger, ersteres insbesondere der Sprache wegen; nun, davon mündlich mehr.

Mit der Dummheit zu kämpfen möcht' auch ich versuchen; wenn auch Götter mit ihr vergeblich kämpfen, ist es nicht nötig, dass es Menschen eben so vergeblich thun. Dummheit ist eine Eigentümlichkeit unseres Geschlechtes, und folglich müssen wir damit besser umzugehen wissen als die ewigen Götter, denen das Verständnis für die Dummheit fehlt. Und soll es uns auch ergehen wie Viktor, der da singt:

„Die Blicke scharf, wie der junge Aar,
Das Herz von Hoffnung umflogen,
So bin ich dereinst mit reisiger Schar
In den Kampf der Geister gezogen.

Die Fahne hoch, gradaus den Speer:
Da wichen der Feinde Reihen;
O Reiterspass, dem fliehenden Heer
Die breiten Rücken zu bläuen!

Doch kamen auch wir an jenes End',
Zu wissen, dass nichts wir wissen!
Da hab' ich langsam mein Ross gewend't
Und mich des Schweigens beflissen.

Zu stolz zum Glauben bin ich gemach
In die Felskluft niedergestiegen;
Die Welt da draussen ist oberflach,
Der Kern muss tiefer liegen.

Nun freut mich mein alt Gewaffen nicht mehr,
Verspinnwebt liegt's in der Ecken;
Doch soll drum kein hochweiser Herr
Als wehrlosen Mann mich necken."

Dann glücklich, wenn auch wir von uns sagen können:

„Noch reicht ein Blick, das Eulenpack
Und die Fledermäus' zu verjagen,
Noch reicht ein alter Eselskinnback,
Den Philisterschwarm zu erschlagen!"

Dein Dich liebender Bruder

Eduard.

6. Brief.

Palma, den 28. Juli 1878.

Lieber Bruder!

So peinlich es mir ist, nur Andeutungen über wichtige Ereignisse daheim zu erhalten, da bei der grossen Entfernung, die uns trennt, eine Beantwortung der vielen brennenden Fragen, die solche Andeutungen hervorrufen, nicht wieder unter zwei Monaten möglich ist, so will ich mich doch diesmal damit bescheiden, bis das Resultat Deiner Handlungen vorliegt. Was mich anbetrifft, so will ich Dich auf dem Laufenden zu halten suchen, selbst wenn der Gedanke noch nicht zur erfolgreichen That geworden.

Was Deine Bemerkung in Bezug auf Dein vorletztes Schreiben anlangt, so hast Du meiner Überzeugung nach recht, da ich es nur zu gut selbst zu empfinden verstehe, wenn mir aus dem reinen Gefühl des gedrückten schweren Augenblicks ein Schreiben entschlüpft ist; aber unsere Empfindungen sind eben dem Gesetz der Aufeinanderfolge in der Zeit unterworfen, unser Geist und kritischer Verstand steht darüber erhaben und diesem Gesetz nicht Gehorsam schuldig da und kann somit durch seinen Protest uns dieser Schuld entsühnen.

Doch genug der Philosophie! Sage mir, wie steht's mit D.; Kapitän B. sagte mir, sie sei krank gewesen, doch drückte er sich sehr unbestimmt aus. Schreibe mir bald ausführlicher, was Dir über die Verhältnisse in Hamburg bekannt geworden. Ich möchte D. manches mitteilen, auch in Bezug auf einliegendes Schreiben, doch da ich überzeugt bin, dass es sie angreift, weiss ich nicht, ob die Zeit geeignet ist. Wenn Du diese Mitteilung übernehmen willst, so bitte sie um die schwere Aufgabe des einstweilen noch ganz für sich allein Behaltens.

Wie Du nach beigefügtem Schreiben über mich urteilen wirst, weiss ich noch nicht, doch bitte ich das Wort dabei zu berücksichtigen: Wenn zwei dasselbe thun, so thun sie doch nie dasselbe. Wenn ich mich nicht frei halten kann, thue ich den Schritt nicht. Denn mir geht's, wie jenem Ibrahim, der stets beflissen war, Tugendwege zu betreten, doch vom Propheten nichts wissen wollte.

Dank für das Büchlein von J. J. Sturtz; es gab den Grund ab, beiliegende Kopie im Original zu gebären.

Grüsse D. und München!

Dein Eduard.

7. Brief.

Palma, 10. Dezember 1878.

Lieber Karl!

Nur um Dich meinem Versprechen gemäss auf dem Laufenden zu erhalten, diese wenigen Zeilen heute. Zwei Reisende, Deutsche, die auf eigene Faust sich in Afrika umsehen wollen, passierten Lagos. Den einen Herrn, Dr. Höpfner, hatte ich Gelegenheit zu sehen, er steht in Verbindung mit der Afrikanischen Gesellschaft in Berlin und war seitens der deutschen Reichsregierung an unseren Herrn Konsul empfohlen.

Die Herren besuchten uns in Palma, der Doktor ist ein solider Deutscher in all' seinen Anschauungen und Plänen; ich wurde ihm als Führer selbstverständlich empfohlen, da meine Ideen nicht unbekannt sind und gern ins Heitere gezogen

werden. Er zeigte Lust, als wir uns allein auf einer Lagunen-
fahrt aussprachen, mich mit sich zu nehmen, doch lehnte ich
entschieden ab.

Es hat sich indessen noch manches hier in meiner Lage
und in mir selbst auch geändert, wovon ein ander Mal, da es
nur Kleinliches und Persönliches betrifft, und dann, aufrichtig
gesprochen, ich will mich versuchen, und dazu giebt es kaum
wieder so günstige Gelegenheit. Beiliegende Kopien zeigen
Dir, wie ich vorgegangen bin in dieser Angelegenheit. Ich
habe zwar noch keine Antwort von Lagos, das Erwartete
bleibt über die Zeit aus, und vielleicht ist auch der Doktor ˙
schon aufgebrochen, allein ich hoffe, hoffe und harre. Du wirst
den Schritt nicht missbilligen, da Du mich selbst zum Mis-
sionarwerden Afrikas halber entschlossen siehst.

Wo bleibt mein Gewehr? Frage bei D. deshalb an und
sorge und denke, wie ich es thun würde, wenn ich dort wäre,
für sie; es wird wohl für den Fall, dass ich ins Innere gehe,
so wie so eine Zeit kommen, wo ich das nicht werde, wie
früher, durchführen können.

Lebe wohl und grüsse jeden, der sich meiner erinnert!

In herzlicher Liebe Dein Bruder

Eduard.

8. Brief.

An Bord des „Henry Venn,"
den 24. des Wonnemonats 1879.

Lieber Bruder!

Ich schwimme zum zweiten Male auf dem „frommen Heinrich" den Niger hinab. Die nächste Exkursion gilt dem Benue,
den wir so weit, als die Umstände es irgend zulassen, hinauf
befahren werden; hoffentlich werden wir die Konfluenz mit
dem Faro erreichen und uns, wenn möglich, darüber hinaus
umsehen.

Im Februar 1880 darfst Du sicher darauf rechnen, mich,
wenn mir inzwischen nichts Menschliches begegnet, wiederzu-

sehen. Suche es so einzurichten, dass wir dann ein paar glückliche Monate im Süden zusammen verbringen können. Ich muss mich von vier Jahren Afrika erholen und dann will ich auch wieder einmal sehen, was das Leben ausser Strapazen sonst noch Angenehmes zu bieten hat.

Vielleicht kommen wir dann gemeinsam auch auf den richtigen Gedanken, wie ich meine Zukunft am besten gestalte. Ich bin schon gewillt, noch verschiedene Jahre dem schwarzen Erdteil zu opfern, aber alsdann muss ein friedliches, sorgenfreies Heim winken. Nicht wahr? Weniger nicht und auch nicht mehr kann ein vernünftiger Mensch beanspruchen.

Mit herzlichen Grüssen

Dein Bruder Eduard.

9. Brief.

An Bord des „Henry Venn," den 31. August 1879.

Ankerplatz unfern Jola, observierte Länge $12^0 33'$ östlich von Greenwich, gemutete Breite $9^0 17'$ nördlich.

Lieber Karl!

Da sich mir an diesem jedem Postbureau fern liegenden Orte Gelegenheit bietet, einen Brief abzusenden, will ich dieselbe (für den Fall, dass mir die Heimkehr nicht beschieden sein sollte) nicht unbenutzt vorübergehen lassen. In nachfolgenden Zeilen stelle ich Dir das Wichtigste zusammen, das zu sehen und zu erkunden ich auf meiner interessanten Fahrt Gelegenheit fand.

Am 8. Juli verliessen wir Lokodja. Am 23. Juli 7 Uhr 30 Minuten früh ankerten wir auf der Höhe von Ibi, einem Fulbeort am linken Benueufer im Kororofagebiet, dessen Häuptling Abdurachmani heisst. Gankura ist verlassen, Gandiko aber besteht etwas unterhalb von Ibi. Gegen Mittag desselben Tages schritten wir, der Leiter der Expedition Mr. J. H. Ashkroft, Agent der Church Missionary Society, Mr. Kirk und ich, durch das Südthor von Ibi gen Wukari.

Die Nacht auf den 24. kampierten wir im Walde und

12 Uhr 37 Minuten Mittags des nächsten Tages hielten wir unsern Einzug in Kororofa's Hauptstadt, deren Plan beiliegt.

Die Entfernung von Ibi nach Wukari schätze ich auf 7 $\frac{1}{2}$ deutsche Meilen. Die Richtung ist südlich, der Weg schlängelt sich durch eine Landschaft, die unverändert dieselbe bleibt: eine sanft gewellte Grasebene, unregelmässig mit niederen, krummästigen Bäumen (darunter viel Sheabutterbäume) bestanden. Sie ist am besten mit einem verwilderten weiten Obstgarten in ihrer äusseren Erscheinung vergleichbar. Keine Palme, nichts erinnerte mich daran, dass ich mich so nahe dem Äquator befand.

Des Königs Name ist Agudamada, der des Galadima — Agudu, am nächsten im Range steht diesem der Mallambaba, welchem der erste und dem wieder der zweite Madaki folgt. Vom Nord- zum Südthore brauchte ich 25 Minuten in gemächlichem Schritt. Die Einwohnerzahl schätze ich auf ca. 5000. Ehemals soll die Stadt 2 Stunden östlicher gestanden haben, und es befinden sich daselbst noch Hütten, in denen Fetische aufbewahrt werden; der Ort wird Okare, was mit Vogel's Okale identisch sein mag, genannt. Ich will näheres auf der Rückreise zu erfragen suchen.

Der Kogi-n-Kalem (siehe Karte von Petermann) ist unbekannt. Es fliesst kein Fluss in der Nähe Wukari's. Auf unserem Wege nach der Stadt überschritten wir auf 40 Minuten Entfernung von Ibi einen Bach, den Diamoa = Fulbewasser, von 6 Fuss Breite und 3 Fuss Tiefe, von West nach Ost fliessend; ausserdem fanden wir in einzelnen Gesenken des Bodens teichartige Pfützen und nach 4 Stunden 30 Minuten Marsch wahrscheinlich denselben Bach wieder. Eine Tagereise östlich von Wukari fliesst von Süd nach Nord in den Benue der Kogi-n-Wukari und noch weiter östlich der Rua Tarabba. Der erstere soll in der trocknen Jahreszeit versiegen, der letztere dagegen ca. 3 Fuss Wasser führen.

Am Kogi-n-Wukari liegen von Nord nach Süd:

am linken Ufer:	am rechten Ufer:
Jebu, Fulbeort, und nahebei	Bantai
	Donga, grosser Ort,
Njakola, Baibaiort,	Atsuku,
	Ganjama,
ferner Baibaiortschaften;	Lubu und
	Uama

Am Tarabba liegen:

die Fulbeorte:	die Baibaiorte:
Sendirde,	Sagabo,
Urio,	Beli,
Mallawa,	Wumka.
Bakundi;	

Die Landschaft, in welcher der Tarabba mündet, heisst Gassol; wir passierten die Mündung am 31. Juli.

Diese Fluss- und Ortsnamen sind glaubwürdig, da sie mir an verschiedenen Orten und von verschiedenen Personen bestätigt wurden.

Am 7. August gingen wir bei Tschomo vor Anker. Muri, weiter unterhalb Mori genannt, und Hamarua ist ein und derselbe Ort, richtig auf der Hassensteinschen Karte „die Flussgebiete des Benue", entgegen der neueren Petermannschen zu G. Rohlfs Reise von 1866 und 67. Hier muss ich noch bemerken, dass Dagbo am unteren Benue existiert, aber unbedeutend ist. Hamad war der Gründer des Ortes, an dessen Ost- und Westende je eine Quelle fliesst, die sich bald zum Mayo oder Mao vereinigen, um dem Benue zuzurinnen; Hamarua bedeutet also so viel wie Wasser des Hamad.

Dieser Ort liegt auf einem Hügel von 400' Höhe über dem Spiegel des Benue; er liegt von Tschomo aus fast nordwestlich, wir erreichten ihn über Wudju, auch Wuzu gesprochen, in ca. 6 Stunden, 3 Stunden und 10 Minuten zu Pferde von Wudju aus. Der Ort besitzt an 800 Stück prächtiger Buckelrinder, wenig Schafe und Ziegen und etwa 40—50 Pferde, worunter schöne Tiere. Die Landschaft gleicht ganz der auf dem Wege nach Wukari durchschrittenen, nur sahen wir hier einige Fächerpalmen. Der Flussarm nach Wudju wird Mbai Diam Mbai genannt.

Der gegenwärtige König in Muri oder richtiger Statthalter heisst ebenfalls Hamadu. Er ist erst kürzlich vom Sultan von Sokoto bestätigt worden, und es weilt der Sohn desselben, der diese Bestätigung überbrachte und die Galadimawürde jener Stadt bekleidet, gerade jetzt in Muri. Vor ungefähr einem Jahre ward der König Burba aus Muri vertrieben, der jetzt am linken Ufer des Benue in Kundi lebt, und Hamadu eingesetzt.

Die nächsten Berge um Muri sind schon von freien Heidenstämmen bewohnt, nur nicht im Westen, wo einige Fulbeorte liegen. Sie werden Kefris genannt und sollen Baibais sein, ihre Ortschaften nach Osten hin sind: Bambur (eine Tagereise von Muri), Gomu, Bolera, Bambuka, Dadia, Iri, Mana, Wuaja und Tscham. Sie leben mit den Fulbe in Feindschaft, und vergeblich bemühte ich mich, einen Führer nach Bambur zu finden.

Am 21. August gingen wir bei Djen vor Anker, das etwa 2000 meist vollständig nackte Bewohner haben mag. Der Ort gehört zu Muri, ist aber nicht von Fellatas bewohnt. Des Königs Name ist Duna, der des Galadima Kipa. Dultis Bewohner sind in die Berge gezogen. Nun lag jungfräuliche Erde vor uns.

Am 22. August 7 Uhr 30 Minuten früh hielten wir vor Gamaje, einer Ortschaft am linken Ufer, daselbst grosse kräftige Männer mit Schild, Bogen und Pfeilen und Speeren bewaffnet, ausser einem Stück Zeug oder Fell um die Lenden nackt. Das Gebahren derselben zeugte von Scheu und Argwohn, wir machten ihnen ein kleines Geschenk und dampften weiter.

Um 10 Uhr hielten wir vor Jangai, dem Hafenort für Bassama (= Banjawa); dem Könige dieses grösseren Ortes sandten wir ein Geschenk, welches er am 23. durch eine jährige Kuh und einen ca. 18 Monate alten Ochsen erwiderte. Der Ort liegt an den Bergen und ist ca. 4—5 Stunden vom Ufer entfernt. Wir blieben über Sonntag liegen. Die Bewohner von Jangai waren durch die Observationen des Kapitäns misstrauisch geworden, auch das Betragen des Bassamagesandten ward zum Schluss unfreundlich. Da wir am Sonntag nicht Handel trieben, brachten sie ihre Löwen- und Pardelfelle wieder heim.

Es hiess, wir würden in Bula verhindert werden, weiter vorzudringen; so bereiteten wir uns denn auf einen möglichen Kampf vor, ehe wir am 25. August in Jangai die Anker lichteten. Jangai liegt dem Mount Gabriel, den Barth kaum gesehen haben kann, gegenüber; dieser Berg ist ein vollkommener Kegel von höchstens 500 Fuss Höhe und muss bei Hochwasser vollständig vom Wasser umgeben sein. An seinem östlichen Fusse liegt die Ortschaft Ulpi mit ca. 300 Hütten.

Wir passierten am rechten Ufer die Ortschaften Bakan, Jeki, Jeka, Gempi, Upani, Jangan und Umburu und ankerten gegen 6 Uhr abends bei der grossen Ortschaft Numun. Je weiter wir kamen, desto scheuer und argwöhnischer wurden die Leute. Wir hielten an mehreren der genannten Plätze, die alle 3—600 Hütten zählten, und gaben den Häuptlingen kleine Geschenke. Der Name des Volkes war nicht zu erfragen, da unser Dolmetscher sich aus Furcht verkroch, wenn er sprechen sollte, und vorgab, die Sprache nicht zu verstehen.

Das Land ist gut angebaut und stark bevölkert. Numun zählt ca. 800 Hütten, hat über 100 Stück Rindvieh, reichlich Schafe und Ziegen und auch einige Pferde. Auf 4 bis 5 Stunden Entfernung soll ein grosser Ort namens Dempa liegen. Acht Mann auf Pferden ohne Sattel, verhältnismässig gut gekleidet, kamen, uns zu begrüssen; sie brachten einen schönen Zahn Elfenbein zum Geschenk, kamen aber nicht an Bord, und uns ward nicht gestattet, an Land zu gehen. Leute aus Numun waren an Bord und brachten ein schönes Gegengeschenk zum König von Dempa.

Am 27. August um 12 Uhr mittags dampften wir weiter; zu beiden Seiten waren die Ufer mit Hütten bedeckt, die unter schattigen Bäumen auf etwa $^1/_2$ bis 1 englische Meile Entfernung vom Ufer standen. Wir versuchten vergeblich mit den Leuten zu sprechen; obgleich wir hier und da hielten, wagte sich kein Kanoe an das Schiff, um die angebotenen Geschenke in Empfang zu nehmen.

Um 4 Uhr 20 Minuten nahm der Kapitän unter dem Schutze unserer Gewehre auf einer Sandbank eine Höhe auf. Über diesen Punkt hinaus sahen wir keine Ortschaften mehr. Der Fluss ist sehr reich an Grasinseln, und seine Breite mag sich stellenweise auf 1 geographische Meile ausdehnen zur Zeit des Hochwassers; in den letzten Jahren soll der Benue übrigens nicht sehr bedeutend angeschwollen sein.

Am 28. früh bemerkten wir, dass das Wasser etwa 8 Zoll gefallen war, wie wir denn oft ein plötzliches Fallen und Steigen über Nacht beobachteten, von 6 Zoll bis $1\frac{1}{2}$ Fuss. Wenn wir seither immer etwas nördlichen Kurs eingehalten hatten, steuerten wir heute fast ausschliesslich südöstlich. Der Strom ist noch immer ansehnlich breit und hat im Durchschnitt ca. 3 Faden Tiefe.

Um 7 Uhr 30 Minuten früh sahen wir die ersten Kulturen und bald darauf hier und da an den Hügeln, in der Nähe der beiden Ufer Fulbeortschaften, Rumde-Laba am rechten Ufer, Konkadanka am linken, dann Babalewa am rechten, wo wir $\frac{1}{2}$ Stunde hielten. 2—300 Fuss hohe Felshügel steigen hart an beiden Ufern sanft auf, dahinter höhere Berge. Überall wurden wir angerufen und begrüsst.

Um 2 Uhr 5 Minuten gingen wir bei Donge vor Anker, das etwa $1\frac{1}{2}$ Stunden von Jola entfernt ist, von wo aus ich dieses schreibe. Der Statthalter von Jola hat unser Geschenk nicht erwidert, daher hatten wir keine Gelegenheit, den Ort zu besuchen, was ich lebhaft bedaure. Der Bagell liegt nicht am linken, sondern am rechten Ufer des Benue.

Ich habe den Sonntag Nachmittag benutzt, um vorstehendes aufzuschreiben; doch glaube ich nicht, dass der Fall eintreten wird, den anzunehmen immerhin verständig ist, vielmehr lebe der besten Hoffnung, Dich und alle, die ich liebe, bald wiederzusehen.

Ich zeichne die Karte, werde reichlich Abbildungen mitbringen, habe meteorologische Beobachtungen angestellt und
hoffe, so eine gute Basis für künftiges Schaffen gelegt zu haben.
Welchem Volke die Bula und Bassama und eventuell welcher
Rasse sie angehören, lässt sich durch Sprachproben wohl er-
mitteln, die ich, wenn auch nur sehr unvollständig, sammelte.
Proben des Zahlworts der Bassama (die Bula reden dieselbe Sprache mit höchstens dialektischen Unterschieden):

1 sido	5 tuff	9 dombadu
2 pe	6 tugaltaka	10 boh
3 moakeng	7 tugalpe	11 boh ambire sido
4 fatt	8 fofatt	12 boh ambire pe u. s. w.

Beobachtete Länge von Tschomo, Hafen für Muri, 11°
16' östlich, von Jangai, Hafen für Bassama, 11° 44' östlich,
Breite von Mount Gabriel 9° 28' nördlich.

Diese Ortsbestimmungen sind vom Kapitän besorgt. Anfang
März 1880 hoffe ich Dir persönlich genaueres mitteilen zu
können.

Mit herzlichem Gruss

Dein Eduard Robert.

10. Brief.

An Bord des „Henry Venn", den 20. Oktober 1879.

Lieber Bruder!

Einliegendes Schreiben vom 31. August 79 kam seinerzeit
nicht fort, da die Boten den Weg überhaupt nicht antraten.
Inzwischen bin ich wieder glücklich in Lokodja angelangt und
dampfe augenblicklich nach Eggan. Wir haben den Benue bis
ca. 13° 30' östliche Länge und 9° 20' nördliche Breite, also
eine gute Strecke weiter als die Expedition von 1854, und
auch über die Konfluenz mit dem Faro (Barth 1851) hinaus
befahren und noch manches Interessante gehört und gesehen.
Darüber, wenn ich bei Dir bin, ausführlicher.

Dein Brief hat mich sehr erfreut, und ich rechne bestimmt
darauf, bald einen zweiten zu erhalten, da die zwei Monate
heute ihr Ende erreicht haben. Du musst diverse Schreiben

von mir nicht erhalten haben, was auch mit D. der Fall zu sein scheint. Ich habe etwa in 3—4 monatlichen Zwischen-räumen Briefe an Dich abgehen lassen und sah meine Be-mühungen denn auch schön belohnt durch Dein willkommenes und nur Gutes enthaltendes Schreiben vom 1. August.

Mir ist's genau so ergangen wie Dir; es ist halt das Leben. Ohne Anfeindung und Missverständnisse, die uns oft mit den besten Menschen entzweien und viel Leid erzeugen, kommt niemand davon und bin auch ich nicht weggekommen; doch freut's mich, mit Dir sagen zu können: Ich habe mich behauptet, mich vor mir selbst stets hochgehalten und gern dafür geduldet.

Was würdest Du dazu sagen, wenn Dein freidenkender Bruder nicht gerade Missionar, aber doch im Dienst der Mis-sion in Afrika thätig sein wollte? Seit ich K. als eine Santa Maria betrachten gelernt, zu der man wohl beten darf, aber auch sonst nichts mehr, ist mein Sinnen und Denken ganz in Afrika konzentriert, und Du wirst Mühe haben, mich für andere Dinge zu begeistern.

Ich habe nun einmal mein Herz darauf gerichtet, in Afrika den Entdecker zu spielen, und wenn möglich mehr als das! Und seitdem ich Blut getrunken, d. h. wirklich jungfräulichen Boden betreten, fühle ich etwas, wie der Jüngling am grün-goldigen Rheinstrom:

„Am Rhein, am Rhein!
Und kehret nicht wieder nach Haus."

Für das zugedachte Ehrengeschenk besten Dank; es freut mich, Dir nun auch, wenn ich heimkomme, etwas unterbreiten zu können, die Karte des Benue von Djen bis Ribago am Fusse der Tinglingberge und des Katie Hill, das schon, wie ich mir schmeichle, einer kleinen Auszeichnung wert ist.

Bis zum 7. Januar habe ich mich verpflichtet, glaube aber etwa einen Monat vor der Zeit entlassen zu werden; dann hoffe ich also schon im Januar bei Dir zu sein und Fasching in der Heimat zu feiern.

Dein Dich liebender Bruder E. R. Flegel.

11. Brief.

London, den 7. Januar 1880.

Lieber Karl!

Dein Telegramm aus Hamburg habe ich erhalten, und inzwischen wird mein Schreiben an D. in euren Händen sein.

London kann ich noch nicht verlassen, weil ich erst Gewissheit vom Sekretär der Missionsgesellschaft haben muss, ob ich eventuell in ihrem Dienste nach Zentral-Afrika geschickt werde. Sobald ich entschiedene Antwort habe, ob bejahend oder verneinend, verlasse ich England, um Hamburg und dann Riga zu besuchen.

Wenn es Dir möglich ist, so komm nach London, da ich Deinen Rat in vielen Dingen gebrauchen könnte.

Ich gehe mit dem Gedanken um, ein Buch über die Reise zu schreiben. Meine Karten sind mehr gelobt worden, als ich erwarten durfte, und zwar von Fachleuten. Die Hauptfrage ist, wie ich dieselben für meine Ziele am besten verwerte. Soll ich dem König der Belgier damit ein Geschenk machen?

Wenn ich von der Missionsgesellschaft engagiert werde, sind meine besten Hoffnungen erfüllt, da ich dann jedenfalls im nächsten Jahre feststelle, wo die Quelle des Benue liegt, und wohl noch manch' andere wichtige geographische Frage lösen kann.

Vielleicht lassen sich Deine Pläne für die Zukunft damit in Einklang bringen, obwohl ich Dich lieber in Europa wüsste, wo Du mit Deinem Wissen besser wirken kannst, nach meiner Anschauung. Afrika hat zu vielen braven Männern das Leben gekostet; noch bevor sie wirken konnten, das Opfer wertvoll zu machen, starben die meisten dahin. Ich würde eigennützig und schlecht handeln, wenn ich Dir riete, mich zu begleiten. Was mich selbst anbetrifft, so darf ich wohl sagen, dass ich akklimatisiert bin.

Beste Wünsche nachträglich zum neuen Jahre. Lass bald ausführlich von Dir hören, falls Du nicht kommen kannst.

Dein Dich liebender Bruder

Eduard.

12. Brief.

Berlin, den 8. März 1880.

Lieber Karl!

Meine Angelegenheiten haben sich noch nicht entschieden. Dr. Nachtigal hat mich um die Karten[1]) gebeten, um darüber in der Sitzung zu sprechen, was er auch am 3. dieses gethan hat. Er nennt meine Arbeit sehr freundlich für einen ersten Versuch wahrhaft bewunderungswürdig.

Dr. von B. hat sich Änderungen in meinem Vortrag erlaubt, und ich schrieb ihm daher, dass mir die Sache nur wie eine freie Bearbeitung für Berlin, nicht wie mein Werk erschiene. Die Änderung, die mich unangenehm berührt hat, besteht namentlich darin, dass auf S. 2 der Name N. eingeschoben ist, und am Ende ein Satz, in welchem ich des Buches von Professor N. lobend erwähne, ganz weggelassen ist. Ich sende Dir anbei einige Exemplare dieses Vortrags.

Wann ich nach Russland reise, kann ich noch nicht sagen, und wer weiss, ob ich überhaupt dazu komme, da Amerika[2]) doch vorgeht. Sehr gern würde ich Dich bei mir sehen; ich erwarte Dich bestimmt in Hamburg, wohin ich mich demnächst begebe.

Besten Gruss von Deinem Dich liebenden Bruder

Eduard.

13. Brief.

Hamburg, den 6. April 1880.

Lieber Karl!

Der Stand meiner Angelegenheiten ist noch immer derselbe, nicht schlechter und nicht besser als im März. Aussichten und gute Hoffnung habe ich schon, aber vergebens warte ich auf die endliche Entscheidung, auf Gewissheit.

---

[1]) Es ist Flegels Erstlingswerk, die Karte des Benue von Djen bis Ribago auf 7 Blatt.

[2]) Speziell die Stadt Boston.

Die Royal Geographical Society ist willens, jemand für die Zwecke, die ich zuerst Sir Edw. Hutchinson unterbreitete, nach Afrika zu senden. Hutchinson hat mich zur Ausführung derselben vorgeschlagen und schreibt mir, dass es zu bedauern sein würde, wenn ein anderer berufen würde, fragt an, ob ich in Deutschland gebunden sei und wie hoch ich die Kosten veranschlage, um vom Benue nach dem Uelle und dem Nilgebiet vorzudringen. Doch habe ich noch keine Antwort auf mein Schreiben von voriger Woche.

Wenn irgend möglich, lass uns gemeinschaftlich nach Riga fahren. Werde ich von der englischen Regierung engagiert, so kann ich freilich höchstens eine Woche dazu opfern, denn mit der letzten Post im Mai müsste ich fort.

Bald sende ich Dir meinen Hamburger Aufsatz im Auszuge. Schreibe bald und ausführlich

Deinem Dich grüssenden Bruder

Eduard.

14. Brief.

Eggan, den 26. August 1880.

Lieber Bruder!

Herzlichen Gruss aus der Ferne. Ich bin mit Packen meiner Waren beschäftigt und gedenke Mitte oder Ende September per Kanoe von hier nach Say zu gehen, um die Strecke des Niger von Jaurie bis Say kartographisch aufzunehmen und so den unteren Lauf mit dem mittleren zu verbinden, was infolge von Mungo Park's Tod und Verlust seiner Papiere noch in dieser Gegend zu thun übrig ist. Von Say will ich nach Sokoto gehen, um mir Empfehlungsschreiben des Sultans zu verschaffen und von da, so Gott will, weiter über Kano nach Kuka am Tsad.

Ich habe meinen Plan ändern müssen, da der „Henry Venn" in diesem Jahre den Benue nicht befährt, und suche so das praktisch Nützliche mit dem zwingenden Muss der Umstände zu verbinden.

Der „Henry Venn" geht mir unerwartet schnell von hier fort; ich schreibe mit nächster Gelegenheit mehr.

Lebe wohl! Dein Dich liebender Bruder

Eduard.

15. Brief.

Eggan, den 24. September 1880.

Lieber Karl!

Deinen Brief aus Korphu habe ich richtig erhalten und die darin enthaltenen Mitteilungen mit Vergnügen gelesen.

Was mich betrifft, so kehrte ich am 21. dieses vom Hauptquartier des Königs Umoru von Nufe zurück, welcher gegen die Oka, einen Stamm der Akoko, im Felde liegt. Die Reise nahm 21 Tage in Anspruch, und ich habe während der 9 Tage hin und 8 Tage zurück meist zu Fuss marschieren müssen, obwohl ich ein Pferd zur Verfügung hatte, das aber ein so miserables Tier war, dass es gleich am ersten Tage mit mir im Schmutz zusammenbrach. Diese Tour hat mich, was ich mit hoher Freude fühle, eher gestärkt denn körperlich mitgenommen.

Zweimal war ich in Gefahr, alle meine Hoffnungen plötzlich zerstört zu sehen. Als ich nämlich mit dem Pferde stürzte, setzte dasselbe seinen Hinterfuss recht ungeschickt auf mein linkes Bein gleich unterhalb der Wade, hinterliess indes glücklicherweise nur das Bild der Hufe in Blau mit blutigem Rande; ich konnte trotzdem marschieren, worüber ich selbst erstaunt war. Das zweite Mal, gegen Ende der Reise, am letzten Tage, nur wenige Stunden vom Ziele entfernt, ruhte ich ausgestreckt auf einer freien Stelle halb eingeschlafen im Grase, als eine Schlange über meinen Leib hinwegglitt. Wäre ich nicht halb im Traume gewesen, eine Bewegung vielleicht hätte meinen Tod veranlassen können; so wurde die Schlange von meinen Begleitern erschlagen.

Vom König bin ich sehr freundlich empfangen worden und habe nicht nur ein Empfehlungsschreiben, sondern auch einen Boten erhalten, der mich bis Bussa über die Reichsgrenze hinaus begleiten soll; so hoffe ich denn, dass alles gut gehen wird. Gerade vor dem Vordringen auf der wichtigen Strecke von Jaurie bis Say bin ich gewarnt worden; es sollen daselbst Unruhen herrschen, und der König riet mir dringend, den östlichen Landweg nach Sokoto zu wählen. Ich werde ja sehen, wenn ich an Ort und Stelle bin, und mich nicht unnütz Gefahren aussetzen, da dies nicht meine Hauptaufgabe ist.

Ich reise für die deutsche Gesellschaft; ob ich aber grosse Unterstützung erhalten werde und wohl daran gethan habe, mich so patriotisch zu zeigen, ist Frage. Die deutsche Regierung hat ihr Auge auf Abessinien gerichtet, und von Dr. Behm in Gotha hörte ich, dass ich Glück gehabt hätte, überhaupt etwas zu erhalten, da gleich darauf über das verfügbare Geld anders bestimmt worden ist. In England hätte ich mehr erhalten von Privatpersonen, wie z. B. Hutchinson.

Nun lebe wohl, in vier Tagen trete ich meine Reise nach Sokoto an.

Dein Dich liebender Bruder

Ed. Robert Flegel.

16. Brief.

An Bord des „Henry Venn", den 19. Juni 1881.

Lieber Karl!

Ich bin von Sokoto zurückgekehrt, weil ich ohne jede Nachricht gelassen wurde, ob ich auch ferner auf Unterstützung rechnen dürfe oder nicht. Welche Sorgen mir durch einen Brief Dr. Behms von Gotha, der gerade am Tage meiner definitiven Abreise eintraf, erwuchsen, kannst Du Dir vorstellen, wenn ich Dir die Stelle anführe. Dr. Behm schreibt vom 16. Juli 80: „In bezug auf die freilich geringfügige Unterstützung von seiten der Afrikanischen Gesellschaft haben Sie noch Glück gehabt; denn jetzt würden Sie schwerlich einen Pfennig bekommen haben. Dr. Nachtigal hatte auf die mündliche Äusserung eines Ministers hin, dass die vom Reichstag für afrikanische Zwecke bewilligten 70000 Mark der Afrikanischen Gesellschaft zur Verfügung gestellt werden würden, den

Vorstand zusammenberufen und über diese Summe verfügen lassen, erfuhr aber zu seinem Schrecken, dass das Geld nun zur Überbringung der kaiserlichen Geschenke nach Abessinien verwendet werden sollte" u. s. w.

Ich schrieb sofort an Dr. Behm, teilte ihm mit, dass ich all' mein Eigentum daran gesetzt, selbst meine goldne Uhr und Kleider hier verkauft, um die Expedition zu fördern, und, was namentlich in Betracht kommt, das sehr noble Angebot Sir Edward Hutchinsons, der für solche Zwecke als Sekretär der Church Missionary Society und auf die Royal Geographical Society leicht bedeutende Summen zu beschaffen imstande war, ausgeschlagen hatte, nur um in vaterländischen Diensten thätig zu sein, und Behm hat in der That sein Bestes gethan. Er schreibt mir am 17. November 80: „Sofort nach Empfang Ihres gefälligen Briefes vom 24. September fragte ich bei der Afrikanischen Gesellschaft an, ob sie weitere Geldsendungen an Sie ins Auge gefasst habe, und bat, falls dies nicht der Fall sein sollte, um Ihre Berücksichtigung." Wie Dr. Behm für mich aufgetreten, zeigt auch der geographische Monatsbericht der Petermannschen Mitteilungen in Heft XI und XII 1880, sowie I 1881.

Nicht minder muss ich Dr. Nachtigal dankbar sein für seine Verwendung. In seiner Eingabe an das Reichskanzleramt bezüglich der Einstellung von 75000 Mark für afrikanische Reisezwecke in den Reichshaushaltsetat 81/82 schreibt er: „Endlich hat die Afrikanische Gesellschaft eine günstige Gelegenheit benutzt, einen erfahrenen Reisenden, Herrn Flegel, in das ihm schon bekannte Gebiet des Benue zu senden, um das zwischen diesem Fluss und dem Schari einerseits und dem Kongo andrerseits gelegene Gebiet zu erforschen. Sie hat den dringenden Wunsch, die Erschliessung dieses jetzt geographisch wichtigsten Gebietes in Innerafrika weiterhin mit allen Kräften anzustreben und die Sudanländer mit dem Kongobecken zu verbinden, wird aber zu diesem Zwecke, da ihre eigenen Fonds fast erschöpft sind, einer Unterstützung aus Reichsmitteln von ungefähr 20000 Mark für das Jahr 81/82 bedürfen." Trotzdem habe ich keinen Pfennig und werde bald Geld nötig haben, wenn ich nicht darben und auf der faulen Haut liegen oder gar anderen zur Last fallen soll.

Meine Reise nach Sokoto darf ich als eine erfolgreiche ansehen, obwohl sie hier von allen, die mich kennen und nicht kennen, wohl als Beweis meiner vollständigen Untauglichkeit für Forschungsreisen, persönlicher Feigheit u. s. w. betrachtet wird.[1]) Ich nenne sie erfolgreich, weil ich meinen Hauptzweck durch dieselbe erreicht habe und im Besitz eines guten Empfehlungschreibens des Emir el Mumenin, Sultans von Sokoto, an alle guten Mohammedaner Afrikas und die Unterthanen seines ausgedehnten Reiches bin, ausserdem einen hübschen Beitrag zur Kenntnis des Niger liefern kann und ungefähr $2\frac{1}{2}$ Grad nach Nord sowohl als auch (auf neuem Wege) nach Süd durchwandert habe, die vor mir teilweise und zum kleineren Teil nur Dr. Barth betreten hat.

Ich hatte in meinem Dolmetscher Jakob, vulgo Ali von Kano, einen Menschen engagiert, der mir durch die bedeutenden Fähigkeiten, die er besass, namentlich ein bewundernswertes Umgangstalent mit hoch und gering der schwarzen Welt, von grossem Nutzen hätte sein können, aber wegen seines Hanges zu Schurkenstreichen mir und der Expedition sehr gefährlich wurde. Ich wusste, dass er ein durchtriebener Halunke war, unterschätzte aber seine Bedeutung als eines solchen und engagierte ihn, da niemand sonst für den Augenblick zu haben war und ich mich mit der Hoffnung trug, ihn für meine Zwecke heranziehen und brauchbar machen zu können. Sein musterhaftes Betragen, seine Aufmerksamkeit für alle meine kleinen Bedürfnisse machten ihn mir bald unentbehrlich, ich vertraute ihm fast vollständig, und wenn nicht ab und zu kleine Ereignisse mein Gefühl gegen ihn aufgebracht hätten, wäre mein Misstrauen vollständig eingeschlafen. Jakob aber wartete nur geduldig die Zeit ab, wo wir den sicheren Boden Nufes verlassen und rechtlose Zustände ihn unterstützen würden, seine

---

[1]) Thersitesnaturen gedeihen bekanntlich nich bloss vor Troja.

niederträchtigen Absichten durchzuführen, d. h., wie ich später von verschiedenen meiner ehemaligen Begleiter erfahren und auch Gelegenheit hatte, mich persönlich zu überzeugen, mich kalt zu machen, um schnell reich zu werden, meine Güter unter dem Schutze eines Häuptlings, der den Löwenanteil bekommen oder genommen hätte, mit diesem zu teilen.

Wenn ich zurückkehre, mehr von der Geschichte; für heute, da die Post in kurzem schliesst, noch eine Bitte: Wenn irgend vereinbar mit Deinen Angelegenheiten, geh' nicht nach W., um Dich in weiter Ferne zu fesseln. Aus der beiliegenden Kopie eines Briefes an die Gesellschaft für Erdkunde ersiehst Du, wie sehr ich hier gebunden bin und welche Pläne und Absichten für die Zukunft ich hege. So ungern auch — nicht weil Du mir nicht brauchbarer und lieber wärest als der Neger, wie Du schreibst, sondern weil ich für Dich selbst fürchte und für mich, Dich eventuell in Folge meiner leichtfertigen Zustimmung durch ein heimtückisches Fieber zu verlieren — ich Dich veranlassen würde, hierher zu kommen, es ist doch möglich, wenn Du bei Deinem Wunsche beharrst, dass ich Dich bäte, zu kommen, falls nämlich meine Vorschläge in betreff der wissenschaftlichen Station durchgehen. Bei und oberhalb Lokodja halte ich das Klima selbst für Ansiedlung geeignet und da dürfte ich nicht so unkonsequent sein, es für Dich allein als schädlich zu betrachten.

D. sendet Dir vielleicht die Übersetzung eines an die American Board of Commissioners for foreign Mission, Boston, gesandten Schreibens, aus dem Du ebenfalls ersehen kannst, wie sehr mein Denken auf diese Gebiete gerichtet ist, und dass ich Dir daher nicht leicht nach W. folgen könnte. Führst Du nun diesen Plan aus, so sind wir beide wahrscheinlich für eine lange Reihe von Jahren geschieden.

Dein Dich liebender Bruder

Ed. Robert Flegel.

P. S. „Henry Venn", den 26. Juni 1881.

An den Vorstand
   der Gesellschaft für Erdkunde zu Berlin.

Sehr geehrte Herren!

Hierdurch habe ich die Ehre Ihnen anzuzeigen, dass ich die auf meiner Tour nach Sokoto gesammelten ethnographischen Gegenstände, bestimmt für das Museum zu Berlin, wohl verpackt per „Henry Venn" via Akassa und Hamburg durch die Spediteure Fr. Naumann & Co. daselbst an Sie absandte. Beigeschlossen finden Sie eine Liste der Gegenstände und Schreiben auf dieselben bezüglich an Herrn Dr. Voss.

In Nachstehendem möchte ich mir erlauben, dem Vorstande der Deutschen Afrikanischen Gesellschaft einen Gedanken auszusprechen, der, wenn durchgeführt nach meiner Überzeugung grosse Vorteile für das internationale, vom Belgier-König angeregte Unternehmen verspricht, ausser seinem Hauptzweck: Gründliche Erforschung des Niger-Benuegebietes auf seinen Kolonisationswert.

Zu diesem Zwecke möchte ich zunächst in Vorschlag bringen, die Errichtung einer meteorologisch-magnetischen Station in der Nähe der Confluenz, am besten am Fusse der King Williamberge, da der seither unerforschte Südosten mein Ziel ist, welcher ausser dem Alt-Calabar wahrscheinlich noch einen zweiten Wasserweg von da aus zur See bietet, welcher zwischen diesem und dem Niger liegt, bei Onitscha nahe an letzteren herantritt und vielleicht bei Bonny in den Ocean mündet.

Ob der Congo je das werden kann, was der Niger-Benue heute schon ist — des ersteren Fall ist ja ca. 5 mal bedeutender auf derselben Entfernung vom Ocean — ein bequemer Weg zum Herzen des dunklen Continents, ist eine Frage, während letzterer noch weit mehr verspricht, wenn man nur einen kleinen Theil der Anstrengungen und grossartigen Mittel auf seine Erforschung verwenden wollte. Falls wirklich keine schiffbare Verbindung zwischen dem Fluss von Logone und dem Benue besteht, liesse sich nicht viel leichter ein Canal vom Npaljan von Deunuo, von welchem der Mao Kebbi dem Benue zufliesst, nach dem Fluss von Logon durch das angeschwemmte Erdreich stechen, als die Stanleyfälle überwinden?! Die Frage wird sich vielleicht bald entscheiden lassen. Ausser der Station (über Kosten der Einrichtung und Erhaltung s. weiter unten), welche in wenigen Jahren manche interessante Frage beantworten würde, von grossem Werth für jeden Forschungsreisenden in diese Gebiete werden müsste und bedeutende Anziehungskraft auf private Unternehmen: Naturaliensammler, Sportsmen etc., — die alle ihr Theil an der grossen internationalen Arbeit: „Erschliessung und Civilisierung Africas“ beitragen würden — ausüben müsste, wäre ein Dampfboot von möglichst geringem Tiefgang, ca. $1\frac{1}{2}$ Fuss bei 18--20 Tons Tragkraft anzuschaffen, um den Niger und Benue und deren Zuflüsse, Arme, Verbindungen mit andern Stromsystemen, Creeks, das Nigerdelta nach Ost und West gründlich zu erforschen. Das Schiff würde sich, wenn ihm vergönnt ist, ca. 2—3 Jahre zu arbeiten, vielleicht allein durch Ankauf von ethnographischen Gegenständen, die in grosser Vollständigkeit und bester Auswahl aus dem ganzen, mächtigen, in ethnographischer Beziehung so sehr interessanten Gebiete gesammelt werden könnten, theils bezahlt machen, sicher aber die jährlichen Ausgaben für Feuerung, Gehalte etc. dadurch bestreiten können.

Die Kosten der Errichtung eines Stationsgebäudes veranschlage ich auf ca. ₤ 250 —, oder Rmk. 5000 —, der Gehalt, den die Sendlinge der Church Missionary Society erhalten, ist ₤ 200 — höchstens, wovon dieselben oft mit Familie in befriedigender Weise existiren können. — Ich darf überzeugt sein, dass wissenschaftlicher Eifer mindestens ebensoviel Entsagungskraft für bei ernster Arbeit leicht entbehrlichen Luxus und Genüsse besitzt, als religiöse Hingebung, ohne diese ist er überhaupt nichts werth! — Diese Summe könnte jährlich leicht durch den Anbau von Baumwolle, Tabak, — wenige Acker würden den Werth tragen — beschafft werden, wenn nöthig; auch würden sich sicher zahlreiche junge Gelehrte finden, die freiwillig und ohne Bezahlung auf der Station arbeiten würden. Insbesondere, glaube ich, wäre ein tüchtiger Chemiker erwünscht für längeren Aufenthalt, was zu Entdeckungen führen könnte, namentlich in Farbstoffen, Droguen — von unberechenbarem Werth für den Handel, d. h. wieder für die Erschliessung und Civilisierung des Continentes.

Die Herstellungs- und Ueberführungskosten eines kleinen Dampfschiffes (oben erwähnt) veranschlage ich auf ca. £ 1600 oder Rmk. 32000, erstere auf £ 1100—1200, letztere auf £ ca. 400.

Sehr gut freilich wäre es, wenn hierbei nicht gespart zu werden brauchte und ein grösseres, leistungsfähigeres Schiff angeschafft werden könnte, doch würde ein Boot von ca. 20 Tons Tragkraft genügen. Gehalte veranschlage ich für 8 Mann (Ingenieur, Heizer, Koch, 5 Mann Crew) auf ca. £ 168.—

Unterhalt für dieselben	„	„	„ 142,—
Feuermann, Holz und Kohle für 250 Tage Thätigkeit der Maschine jährlich . .	„	„	„ 140,—
An Gegenstände für die Maschine (Oel, Cotton, Watte, Valven etc.), kleine Reparaturen und um das Schiff in Stand zu halten (Farbe, Tauwerk etc.) jährlich	„	„	„ 75,—

£ 525,—

oder Rmk. 10,500.

Diese Summe mindestens müsste das Schiff, wenn keine besondern Ereignisse hindernd einwirken, selbst aufzubringen im Stande sein und somit würde die Durchführung meines Vorschlages möglich sein mit einem Kapital von

1. Für das Schiff	Rmk.	32 000
2. „ „ Stationsgebäude	„	5 000
3. „ „ Instrumente	„	3 000
4. „ erstes Jahr Gehalt für den Vorsteher der Station, d. h. zum Lebensunterhalt!	„	4 000

Rmk. 44 000.

Eine Summe, die ohne Bedenken für eine Forschungsexpedition hergegeben wird, deren mögliches Scheitern dieselbe verschlingt, ohne irgend ein Aequivalent zu bieten, während bei einem solchen Unternehmen, wie das eben vorgeschlagene, die Werthe der Gesellschaft, nur in anderer Form (als Haus, Schiff, Instrumente) verbleiben und, guten Händen anvertraut, Zinsen tragen müssen.

Ich erlaube mir noch die Bemerkung, dass ich überzeugt bin, dass Sie mich inzwischen bei G. L. Gaiser accreditierten oder in irgend anderer Art mir die mit Ungeduld erwarteten Mittel zur Reise nach Adamaua zugestellt haben.

Ihr sehr ergebener

Ed. Robert Flegel,
Ordentl. Mitglied der Gesellschaft für Erdkunde.

17. Brief.

Akassa, den 17. August 1881.

Lieber Bruder!

Beruhige mich durch wenige Zeilen über Dein Wohlbefinden. Du kannst zu jeder Zeit per Adresse der United African Compagny, Akassa an mich schreiben mit der ziemlichen Gewissheit, dass ich Deine Briefe erhalte, wenn vielleicht auch sehr spät.

Mein altes Journal von der Tour nach Gandu und Sokoto habe ich der United African Compagny nebst anderen Papieren eingehändigt und Deine Adresse aufgegeben mit der Bitte, es Dir zuzustellen, falls mir etwas Menschliches begegnet.

Geh' nicht nach W., sondern gönne mir ein Wiedersehen, das ja nun, wenn mich Gott am Leben erhält, bald erfolgen muss.

Mit bestem Gruss Dein Dich liebender Bruder

Ed. Robert Flegel.

18. Brief.

Lokodja, den 7. Dezember 1881.

Mein lieber Bruder!

Das schwarzweissrote Fähnlein, das ich 1880 auf uner-
forschtem Gebiet am Niger hatte wehen lassen, entfaltete ich
im November 1881 zum erstenmal auf dem Benue auf der
Strecke von Loko bis zur Mündung dieses Flusses in den Niger
gegenüber Lokodja.

In etwa 30 Stunden bin ich mit nur kurzer Rast von
Keffi-Abd-es-Senga, das im Munde des Volks Keffi-Abdu-Zanga
lautet, nach Loko am Nordufer des Benue geritten (die Entfernung beträgt ungefähr 15 deutsche Meilen), freilich nur in
langsamem, aber desto mehr ermüdendem Tempo, weil von
Fussgängern begleitet und auch um mein Reittier nicht zu sehr
anzustrengen. Gerhard Rohlfs legte bei seiner Durchquerung
des Kontinents 1867 denselben Weg in 5 Tagereisen zu Fuss
zurück, und ungefähr um dieselbe Stunde, früh vor Sonnen-
aufgang, da er sich in den Ufersand streckte, um unter freiem
Himmel auszuruhen, vielleicht gar an derselben Stelle, wurde
mir unter gastlichem Dache Kaffe serviert.[1])

Den Einfluss der Zeit und den Fortschritt zum Besseren
bemerkt man hier häufig. Die hässlichen thönernen Götzen-
bilder der Ahoneger, von denen mein Vorgänger erzählt, sind
gefallen; sie haben dem Glauben an Allah und den Koran
Platz machen müssen, wie die nackten Heiden mit ihrem
träumerischen Nichtsthun wohlgekleideten, eifrig Handel und
Gewerbe treibenden Mohammedanern. Die Inselstadt Loko,
von der Rohlfs berichtet und die ich 1879 als Mitglied der
Expedition des „Henry Venn" unter J. H. Ashcrofts Leitung
besuchte, ist inzwischen vom Sarikin Anassawara zerstört worden,
und anstatt ihrer ist am Nordufer des Benue jene Ortschaft

---

[1]) Es geschah dies seitens des Herrn Mac Iutosh von der United
African Co.

gleichen Namens entstanden, welche ihr rasches Aufblühen den daselbst im vorigen Jahre begründeten Faktoreien englischer und französischer Handelskompagnien zu verdanken hat.

Da ich mich in meinen Erwartungen, die Mittel zur Fortsetzung meiner Reise nach Adamaua hier vorzufinden, getäuscht sah, so eilte ich, um Zeitverlust zu vermeiden, noch an demselben Morgen per Kanoe unter Entfaltung meines schwarzweissroten Fähnleins den Benue hinab nach Lokodja, und bald rief der Anblick gerade dieses Fähnleins nichts weniger als fröhliche Gedanken in mir wach.

Zu welchem Zweck unternimmt man Forschungsreisen und weshalb giebt die Regierung alljährlich nicht unbedeutende Summen für diesen Zweck her, wenn nicht, um den grösstmöglichen materiellen Nutzen für sich und das Vaterland aus diesen ebenso beschwerlichen als kostspieligen Unternehmungen zu ziehen? Oder geschieht es vielleicht nur, um sagen zu können, dass die deutsche Regierung ebenfalls einige Reisende zur Erforschung unbekannter Länder ausgesendet hat? Dennoch scheint das thatkräftige Interesse, das fast alle Nationen Europas für den schwarzen Erdteil an den Tag legen, nur Deutschland in platonischer Stimmung zu belassen.

Ist der Exporthandel Deutschlands in der That so günstig gestellt, dass wir allein nicht nötig hätten, uns nach neuen Absatzgebieten umzusehen, oder sollte unser Vaterland keinen Nutzen von Kolonien zu ziehen wissen?! Wir leben meinem Gefühle nach wieder in einer Zeitperiode, wo die Nationen Europas einen Erdteil unter sich zu teilen vorhaben. Weshalb haben Männer wie Barth, Vogel, Rohlfs, Schweinfurth, Nachtigal und andere sich den grossen Strapazen, Afrika zu erforschen, unterzogen, warum haben sie jede Not und einige von ihnen den Tod freudig erlitten? Nur um einige Namen von Völkern, Städten, Flüssen und Bergen auf die weissen Flächen der Karte tragen zu können, diese mit einer roten Linie verbunden und ihren Namen daneben gesetzt zu sehen? Oder vielleicht um die Wissbegierde einiger gelehrter Herren zu befriedigen? Oder um einer goldenen Medaille, eines nichts eintragenden Titels wegen?!

Und glaubst Du, mein Bruder, dass mir meine Gesundheit, meine Jugendjahre, mein Leben feil sind für die Seifenblase Ruhm? Oder für Geld vielleicht? Ja, weit eher noch für letzteres, ich gestehe es gern, weil es ein Mittel ist, Grösseres zu leisten. Doch wer giebt Geld für ideale Bestrebungen her? Haben nicht alle Reisenden, die das gütige Geschick in ihre Heimat zurückführte, wenn sie nicht von Hause reich waren, darben müssen? Ich habe die Heimat verlassen, um, wie man dass so nennt, der Wissenschaft zu dienen, doch die Wissenschaft ist selbst Dienerin, Dienerin der Menschheit; denn Wissen ist nicht Selbstzweck, es ist nur ein Mittel zu höheren Zwecken.

Das schmerzlichste Gefühl aber ist für mich, dass ich nicht meinen Landsleuten, nicht denen diene, die mit mir gleiche Sprache reden, sondern Fremden. Doch warum soll es mir besser ergehen als meinem grossen Vorgänger, dem ich nicht wert bin, die Schuhriemen zu lösen! Haben doch auch Barth's Worte in betreff des Benue nur in England Verständnis gefunden! Doch genug des Unmuts!

Beifolgend erhältst Du noch die Kopie eines Briefes an den Zentralverein für Handelsgeographie in Berlin, von dem ich mir eine kräftige Förderung meiner Pläne, den deutschen Handel am Niger-Benue heimisch zu machen, verspreche.

Von Lokodja eile ich zur Küste, um Geld abzuwarten, und darauf will ich Adamaua, mein Hauptziel, zu erreichen suchen.

Behalte lieb Deinen

Eduard.

Der Handel im Niger-Benuegebiet und seine voraussichtliche Zukunft.

Geschrieben für den Zentralverein für Handelsgeographie zu Berlin

von Ed. Rob. Flegel,

ordentlichem Mitglied der Gesellschaft für Erdkunde, zur Zeit auf Expedition in Westafrika.

Sehr geehrte Herren!

Mein Aufenthalt im Niger-Benuegebiet seit 1879 hat mir Gelegenheit gegeben, die Handelsverhältnisse so weit kennen zu lernen, dass ich dasselbe mit gutem Gewissen dem deutschen Kaufmanne, insbesondere aber denjenigen deutschen Kaufleuten, die schon an der Westküste Handelsfaktoreien besitzen, empfehlen kann als ein Gebiet, das grosse Vorteile denjenigen verspricht, die einiges Kapital und freilich viel warmes Interesse und ernste Arbeit darauf verwenden wollen.

West-Central-Afrika ist ein produktions- und consumtionsfähiges Land und günstiger, als irgend ein anderer Teil Afrikas für den deutschen Handel gelegen, auch ist dieser schon seit lange und mit bedeutendem Kapital an der Westküste engagirt. Diese selbst aber ist höchst ungesund im Vergleich zum Innern. Die Küste fordert, wie die Statistik lehrt, 50% von den Neuankommenden, also einen von zwei! Der Handel an der Küste wird durch die Küstenvölker vermittelt und da der Kaufmann an der Küste ganz von diesen abhängig ist, so ist der Handel für ihn lange nicht so lohnend, als er werden müsste bei direktem Verkehr mit den Völkern des Innern. Auch wird der Handel an der Küste oft gestört, ja für längere Zeit völlig aufgehoben durch die Kriege der Küstenvölker mit denen des Innern, die sich zumeist um Handelsinteressen drehen. So hat sich z. B. der Handel von Ilorin und dem nordöstlichen Joruba ganz nach dem Niger hingezogen — wohin er freilich naturgemäss gehört — seit dem Kriege der Egbas gegen Ibadan.

Die englische Regierung in Lagos hat seit Glovers energischem Auftreten nicht viel an der Küste zur Verbesserung der Zustände gethan und wird voraussichtlich in Zukunft noch weniger thun, da der Handel dieser ihrer Kolonie fast ganz in deutsche Hände übergegangen ist. Der Kaufmann an der Küste hätte sich in all dies Ungemach zu fügen, wenn der Niger-Benue nicht existirte, denn an ein Vordringen über Land nach dem Innern ist allerdings nicht zu denken. Diese Wasserstrasse aber garantirt ihm nicht nur teilweise sein Leben, zum mindesten bessere Gesundheit, sie befreit ihn auch von der Abhängigkeit, der den besten Profit für sich in' Anspruch nehmenden Mittelmänner, setzt ihn in direkten Verkehr mit den Produzenten und Consumenten, sichert ihm einen geregelten jährlichen Umsatz, der in stetigem Zunehmen begriffen ist und giebt ihm Gelegenheit, seinen Handel, soweit es sein Kapital und sein Credit irgend erlauben, auszudehnen.

Es ist ein weites, dichtbevölkertes Gebiet, das der Niger-Benue als schiffbarer Strom durchzieht und das einzige Hindernis, welches er für einige Monate des Jahres der Schifffahrt entgegenstellt, sind Untiefen, diese können aber immer durch für die Verhältnisse praktisch gebaute Fahrzeuge leicht überwunden werden, womit erst in jüngster Zeit ein Anfang gemacht worden ist. Selbst in der trockensten Zeit und an den schlimmsten Stellen, wo der Fluss fast eine geogr. Meile von Ufer zu Ufer in der Ebene einnimmt, ist noch immer ca. $3^1/_2$ Fuss Wasser zu finden. Selbst Frachtschiffe können leicht für diesen Tiefgang eine Tragfähigkeit bis zu 80 und 100 Tons erhalten und somit steht also dem Verkehr im Niger-Benue das ganze Jahr hindurch kein Hinderniss entgegen.

Es ist kaum ein halbes Jahrhundert verflossen, dass der unternehmende englische Rheder Mc. Gregor Laird die ersten Expeditionen zum Zwecke des Handels Niger aufwärts sandte. Elfenbein war damals das einzig begehrte Handelsobjekt, dem später Palmöl und erst in unsern Tagen Sheabutter

(Pflanzenbutter von der B a s s i a P a r k i i) sich beigesellten.
Den Charakter von einzelnen Expeditionen zum Zwecke des
Tauschhandels mit den Wilden behielt der Handel im Niger
bis in die jüngste Zeit bei; von jeder neuen glücklich heimkehrenden Expedition drangen so schreckliche Berichte über
die Gefahren der Nigerfahrt in das Publikum, wie einst von .
den phönizischen Schiffern über die Wasser jenseits der
Säulen des Herakles und wahrscheinlich in ähnlicher Absicht
verbreitet. Tüchtige Seeschiffe von nicht unbedeutendem
Tonnengehalt waren es, die zur Zeit des höchsten Wasserstandes (in den Sommermonaten) den mächtigen Niger stromauf fuhren, um ihre Ladung an Salz, Rum, Baumwollen-
waaren, Taback, Pulver und Waffen, Perlen, Messing, Kupfer-
stangen etc., gegen eine Ladung der oben genannten Landesprodukte, so schnell als möglich zu vertauschen, um der
Küste zuzueilen, dort wartende Segelschiffe zu beladen und
mit deren Ladung wenn irgend möglich noch eine zweite
dieser reichlich lohnenden Expeditionen in derselben Saison
auszuführen, und dann mit der werthvolleren Ladung dem
Heimathshafen zuzusteuern.

Feste Handelsfaktoreien entstanden nach dem Scheitern
der Lairdschen Cultivationspläne nur sehr langsam und wurden
häufig wieder aufgehoben oder verlegt der Bedrückungen
wegen, die sich die Eingeborenen während der trockenen
Jahreszeit erlaubten, wo jede Verbindung mit der See aufgehoben war. (G. Rohlfs hätte sonst wohl 1867 statt in
Lagos bei A k a s s a oder B r a s s den Ocean erreicht, wie im
vergangenen Jahre Mateucci und Massari.) An den Mün-
dungen der Flüsse und hier und da weiter im Land auf
dem Strome lebten die Agenten (meist natives von S i e r r a
L e o n a, seltener A c c r a, die auch heute noch die besten
Local-Agenten abgeben, wegen ihrer grossen Befähigung für
den Tauschhandel, ihres Verständnisses für den Charakter
und der dadurch bedingten Behandlungsweise der Eingeborenen und ihres Sprachtalents) auf H u l k s, d. i. alten
entmasteten Schiffen, die, verankert, zu schwimmenden Waaren-

magazinen und Wohnungen umgewandelt waren, selten aber
verblieben irgend namhafte Werte an Waaren im Lande,
während der andern Hälfte des Jahres um einen regelmässigen Handel fortgesetzt zu unterhalten. Während zur Zeit
des Hochwasserstandes also das regste Leben auf dem Niger
herrschste, indem zahlreiche stattliche Dampfer der verschiedenen englischen (4) Firmen, wie auch Dampfer der englischen Regierung zum Zwecke der Flussaufnahme und zum
Schutze von Gut und Leben ihrer Unterthanen den Strom
auf und ab fuhren, hier und da an wichtigen Handelsplätzen
für längere Zeit hielten, während Agenten in Canoes stromauf und ab mit den minder bedeutenden Orten den Austausch eifrig betrieben und den Schiffen europäische Waaren
entführten und Landesprodukte zuführten, herrschte in den
Wintermonaten öde Stille; die Wenigen hier und da im
Lande zurückgebliebenen Händler lebten abgeschlossen von
jedem Verkehr und Bedrückungen aller Art ausgesetzt kein
beneidenswertes Leben. Der Wert europäischer Produkte,
namentlich Salz, welches für den grossen Bedarf nie genug
zugeführt wurde, stieg zu fabelhaften Preisen, so dass die
eingeborenen Unterhändler sich eines nicht minder guten
Verdienstes erfreuten als die europäischen Grosskaufleute.
Den anfangs bedeutenden Verdienst schmälerten sich die
letzteren übrigens selbst durch Neid und Habsucht und
thörichte Koncurrenz von Jahr zu Jahr mehr.

Nachdem verschiedene feste Faktoreien bestanden und
der bedeutende Unterschied im Preise für europäische Güter
während der trockenen Zeit bekannt geworden war und die
Verhältnisse sich besser gestaltet hatten, wurden grössere
Waarenbeträge im Lande gelassen und damit ein gutes Geschäft erzielt. Doch bald war der Markt überfüllt und durch
die erwähnte Scheelsucht wurden die Waaren in dem Maasse
verschleudert, dass der jährliche Gewinn sich in Verlust verkehrte; dazu kam noch in den meisten der beteiligten
Firmen eine schlechte Geschäftsführung, so dass der Handel
im Niger an den Rand des Grabes gelangte. Vor dem

sichern Untergange retteten den Nigerhandel zwei in diesem
lange Jahre thätige Männer. Der eine derselben starb leider,
bevor sein Plan der Vereinigung sämmtlicher englischer
Firmen im Niger zu einer englischen Compagnie, die sogenannte Amalgamation, durchgeführt wurde. Der uner-
müdlichen Thätigkeit des andern ist die Durchführung und
der glänzende Erfolg des Amalgamationsprojects zu verdanken.
Er eröffnete dem Handel zahlreiche, neue Verkehrswege,
gründete eine grosse Zahl neuer Faktoreien und eröffnete
den Handel im Benue; er war der erste, der praktische
zu jeder Jahreszeit den Fluss befahrende Schiffe bauen liess,
und der ein strenges Regiment einführte, wodurch den
früheren Unterschleifen ein Ende gemacht worden ist. Durch
seine erfolgreiche Thätigkeit steht der Nigerhandel heute
mehr denn je gefestigt da und ist und wird immer noch
auf entlegenere Gebiete, wie auf alle möglichen Handels-
produkte ausgedehnt. Ich wüsste in der That niemand, der
nur annähernd ähnliches zur Hebung des Handels, wie zur
Einführung geordneter Verhältnisse im Nigergebiet geleistet
hat, als der gegenwärtige Chef-Agent der United African
Company.

Herrschte in der vergangenen Zeit in den Wintermonaten öde Stille im Niger, so leuchten dem Reisenden
jetzt überall, in manchen Gegenden auf wenig Meilen Entfernung, die Zinkdächer der Faktoreien oder von Vegetation
gereinigte Flächen mit oblongen grossen Häusern, — ebenfalls Handelsfaktoreien, — weithin erkennbar, entgegen, in
denen das ganze Jahr hindurch ein vorteilhafter Handel
betrieben wird. Zur Zeit des höchsten, wie des niedrigsten
Wasserstandes, bewegen sich jetzt wenigstens ein paar Schiffe,
regelmässig die Verbindung unterhaltend, ausserdem zahlreiche Canoes mit Waaren, stromauf und ab, versorgen die
Faktoreien mit dem Notwendigen wie Angenehmen für
Handel und Leben und schützen dieselben, wie deren In-
sassen und die dort lagernden Waaren und Produkte schon
durch ihre blosse Gegenwart. Dazu kommt die Steamlaunch

des Chef-Agenten, die im Notfall in $2\frac{1}{2}$ Tagen von der See bis zur entferntesten Faktorei zu eilen imstande ist und fast beständig den Fluss auf und abwärts fliegt, um nach dem Rechten zu sehen.

Die Haussa haben ihm den Beinamen Maibiri gegeben — wie denn kein Europäer oder native eines Beinamens entbehrt — was so viel als „Affenmann" bedeutet. Einige sagen, weil es seine Passion gewesen sei, in längst vergangenen Jahren zahlreich Affen zu schiessen; mich aber dünkt, dass sie, die so leicht die charakteristische Eigenschaft eines Menschen erkennen, einen Begriff haben von dem, was wir „affenähnliche Geschwindigkeit" nennen und dass ihre Bewunderung für diese seine hervorragende Eigenschaft sie den Namen hat erfinden lassen.

Bevor europäische Fahrzeuge den Niger-Benue befuhren, vermittelten die Zufuhr von europäischen Waaren gegen Ausfuhr von Landesprodukten im sogenannten Lower River oder Palmoil-District die Brassmen, ein tüchtiges Handelsvolk, das noch heute all die zahllosen Arme des Nigerdelta durchkreuzt, um Palmöl zu kaufen und sich selbst bis Idda hinaufwagt. Die Uferbewohner des Delta verhielten sich bis über die Mitte der 70er Jahre hinaus feindselig gegen die Europäer. Alle passierenden Schiffe fast wurden von den Ufern aus beschossen und die älteren Händler im Flusse nennen viele Plätze, wo sie ernste Kämpfe zu bestehen hatten. Selbst Sperren von Lianen, Tauwerk und gefällten Bäumen wurden für die Schiffe vorbereitet, um sie abzufangen. Daher haben bis heute keine Faktoreien dort angelegt werden können, und obwohl die Eingeborenen die offenen Feindseligkeiten und Angriffe auf die Schiffe — wohl deren Zwecklosigkeit einsehend — eingestellt haben, ist es doch noch heute nicht ratsam im Delta zu landen.

Im Upper River oder dem Sheabutter- and Ivorydistrict, — der nördlich von Idda sich bis nach Rabba hinauf erstreckt und den Benue weit hinauf, vermittelte denselben Austausch, das unbedeutende, aber durch den

Handel einst mächtige Volk der Kakanda, welches die
europäischen Waaren von Benue über Land sich holte und
dieselben in seinen Canoes weithin verschiffte. Sie sind
heute ohne jede Bedeutung und nur noch als tüchtige Ca-
noemen geachtet. Sie fahren meist in der trockenen Zeit
Fracht für den Europäer.

Wenn ich oben bemerkte, dass der Nigerhandel noch
lange Zeit nach Laird's ersten Expeditionen den Charakter
von einzelnen alljährlich zum Zwecke des Tauschhandels
mit den Wilden unternommenen Expeditionen beibehielt,
so hatte dies seinen Grund darin, dass zu jener Zeit die
zahllosen kleinen Heidenstämme noch im freien Besitz ihrer
Ländergebiete an den Ufern des Niger waren. Zwar ward
schon aus den 30er Jahren von Capt. Allen u. a. berichtet,
dass man überall an den Ufern namentlich im Mündungs-
gebiet des Benue tags den Rauch aufsteigen und nachts
die Flammen von brennenden Ortschaften auflodern sah,
dass also der Anfang zu deren Vernichtung schon damals
gemacht wurde. Heute sind die Ufer des Upper river
überall in den Händen jenes Mischvolks mohammedanischen
Glaubens, in dessen Adern schon nach wenigen Generationen das Blut von etwa einem Dutzend verschiedener
Stämme fliesst und das aus der zügellosen geschlechtlichen
Vermischung der Eroberer mit den zu Sklaven gemachten
Weibern und Mädchen der Besiegten entstand. Wenn auch
der Ethnographe diese Verschmelzung bedauern mag (das
Aufhören so zahlreicher Stämme mit all' ihren Eigentümlich-
keiten, bevor er sie gründlich kennen lernte, ist ein schmerz-
licher Verlust für seine Wissenschaft), der Kaufmann kann
nur zufrieden damit sein, denn diese Völkerverschmelzung
hat viele unbequeme Hindernisse für ihn hinweggeräumt.
Der mit der mohammedanischen Religion vorschreitende
Begriff von Recht und Gesetz, der unsrer Anschauung nahe
verwandt ist, bietet eine gute Grundlage für Handel und
Verkehr. Die beiden Ufer des Niger, wie das ganze Nordufer des Benue und dessen Südufer zum grossen Teil sind

heute von Völkern mohammedanischer Kultur durchsetzt;
mit Hilfe einer Sprache, des Haussa, kommt man in diesem weiten Gebiete überall gut weiter, das Verlangen nach
europäischen Industrieerzeugnissen wächst von Jahr zu Jahr
und ein friedliches Einvernehmen besteht und befestigt sich
in gleicher Weise mehr und mehr zwischen den Bewohnern des westlichen Sudan und den Anassaras (den Europäern), die jetzt fast überall gern gesehen und geachtet sind.

Der nationale Binnenhandel hat durch die Europäer im
westlichen Sudan grosse Veränderungen erfahren. Wie die
Bewohner im Nigerdelta geschädigt wurden und der Handel
der Kakanda ganz vernichtet, so werden jetzt Kolanüsse
per Dampfboot vom Lower river (Assába) nach dem
Upper river gebracht. Kanwoi, Lubee (Natron) in
sehr bedeutenden Quantitäten (einigen 100 Tons jährlich)
nach Lagos und Sierra Leona verschifft, das von dort
wieder an Nativehändler sackweis verkauft, seinen Weg ins
Innere von Egba, Joruba, Dahomé und an der ganzen
Küste entlang findet; auch im unteren Niger lässt es sich
gut verkaufen. Früher fand es seinen Weg nach all diesen
Gebieten durch Karawanenzüge über Land. Natives von
Lagos und Sierra Leona wie Europäer haben lange Zeit
den fünf- und sechsfachen Preis durch Ueberführung dieses
Stoffes nach der Küste zu erzielen gewusst und erzielen
auch jetzt noch leicht bei überfülltem Markte 100 und mehr
Prozent. Ähnlich geht es mit einheimischen (Nufe und
Joruba) Zeugen, Kalabassen, geschnitzten Flaschenkür-
bissen. Als wir 1879 im Benue mehrere Tons Bleiglanz
kauften, liess sich derselbe von Lagos aus ebenfalls mit
enormem Verdienst verkaufen. Bleiglanz (tiro) wird als
Zierde pulverisiert auf die Augenlider getragen, was den
Augen einen eigentümlichen Ausdruck giebt. Diese Sitte
ist im ganzen Sudan und bei vielen Küstenvölkern verbreitet, der Artikel daher auf allen Märkten zu finden.

Vor allem aber hat der Elfenbeinhandel, der früher
über Kuka und Kano seinen Weg auf Kameelrücken durch

die Wüste nach dem Mittelmeergestade nahm, fast vollständige Ablenkung aus dieser alten Bahn erfahren und seit dieser Zeit datiert auch seine grössere Bedeutung. Die Lairdschen Expeditionen, namentlich die der „Plejad" 1854, brachten zuerst grössere Quantitäten dieses wertvollen Produkts nach Europa, dann wurde Eggan in Nufe der Elfenbeinmarkt des westlichen Sudan, wohin alljährlich von NW und N her ca. 5—8 Tons, von Adamaua, dem Eldorado der Elfenbeinhändler, ca. 60 bis 70 Tons gebracht und von Jahr zu Jahr mit besseren Preisen bezahlt wurden. Den Elfenbeinhandel nach Kano und Kuka erschwerte der Umstand, dass grosse Zähne sich nicht für Kameellasten eignen, sie müssen erst zersägt werden; deshalb werden grosse Zähne dort weniger geschätzt, während wir bedeutend höhere Preise dafür zahlen als für mittelgrosse und kleine.

Die glücklicher Weise kurze Zeit des Monopols der United African Company im Niger ist eine der interessantesten Perioden des Handels in diesem Gebiet und der Wendepunkt zu einer neuen Ära. Sie versetzte dem Elfenbeinhandel einen harten Schlag und viele der Händler verloren dabei Alles, was sie besassen, zahlreiche sahen ihren Besitz auf $^1/_8$, $^1/_5$ und weniger reduziert und nicht einer unter ihnen blieb von empfindlichen Verlusten verschont, der Handel aber wurde wieder in solide Bahnen gelenkt. Die Händler, durch das Unglück klug gemacht, senden jetzt stets Boten ihrer Karawane vorauf, die sie über den Zustand der Märkte in Keffi, Loko, Eggan, Wonangi informiren, wie auch über die Sicherheit der Wege, so dass sie zum zweiten Male nicht in eine ähnliche Falle des Zufalls fallen werden.

Durch die unverständige Concurrenz waren 1878 die Preise für alle Produkte, namentlich aber für Elfenbein zu schwindelhafter Höhe gestiegen. Die verschiedenen ausschliesslich englischen Firmen, die damals im Niger Handel trieben, sahen wohl ein, dass sie sich zu Grunde richteten,

4*

falls sie den Handel in gleicher Weise noch einige Zeit fort-
betrieben. Es kam daher eine Vereinigung zustande, — die
erwähnte sogenannte Amalgamation zu der United
African Company. Als ich 1879 im September von
der glücklichen Benue-Expedition des Henry Venn
zurückkehrte, wurde zum Zwecke dieser Vereinigung überall
das Inventar in den Faktoreien aufgenommen, was einige
Monate in Anspruch nahm, während welcher Zeit nichts gekauft wurde. Der Elfenbeinhandel wird grösstenteils mit
Credit betrieben nicht die Händler erhalten diesen von den
Europäern, wie das im Küstenhandel überall Brauch ist,
wobei jedesmal der Europäer der verlierende Teil ist, sondern die Händler erhalten Credit von der besitzenden Classe
ihrer Landsleute. Kehrt eine Karavane von Adamaua zurück, so ist sie stets sofort einiges Geldes bedürftig, das
entweder durch den Verkauf einiger kleiner Zähne beschafft
oder geliehen wird und zwar selten unter 100 $^0/_0$! Dieses
Geld dient in erster Linie dazu, die Träger zu befriedigen und andere kleine Bedürfnisse zu bestreiten. Bei
Karavanen, die nach Eggan gehen, wird gewöhnlich erst in
Keffi und dann in Agaie Geld aufgenommen. Die Händler
waren sonst gewohnt gewesen, dass man sich sofort nach
ihrer Ankunft förmlich um sie riss. Man sandte ihnen
reiche Geschenke ins Haus, um sie zu bewegen, ihr Elfenbein zu verkaufen und sie spielten die Zurückhaltenden und
gingen von Haus zu Haus, bis sie den grösstmöglichsten
Preis erzielt hatten. Im Jahre 1879 warteten sie vergeblich
auf Einladung und Geschenke und kamen durch Not gezwungen schliesslich mit der Bitte, doch nur einige wenige
Zähne zu kaufen. Es konnte nicht gewährt werden, bevor
nicht die Aufnahme des Inventars im ganzen Fluss beendet
war; und als das geschehen, machte der Chef der vereinigten Firmen den Preis für das Bein, welches noch dazu
in Europa im Wert bedeutend gefallen war, wie man
sagte. Der Preis war auf den fünften und sechsten Teil
des vor wenigen Monaten noch bezahlten gesunken und

viele der Händler wurden vollständig ruiniert, sie mussten ihren Gläubigern alles lassen: ihr Pferd, ihre Sklaven; die Weiber liefen den Verarmten davon. Händler, die vor der Amalgamation 300 Sack (à 20,000 Kauri) wert waren, d. h. für diesen Wert Elfenbein brachten, sind heute bis auf 50, selbst 30 und 20 Sack heruntergekommen. Trotzdem scheint aber der Handel selbst nicht sehr gelitten zu haben, denn die an den Markt gebrachten Quantitäten der folgenden Jahre waren nicht bedeutend reduziert.

Wie Elfenbein im Preise herunter gegangen war, so war es auch mit allen übrigen Produkten. Die englische Compagnie hatte das Monopol im Niger und hatte sogar mit König Umóru von Nufe einen Vertrag dahin gehend abgeschlossen, ihr allein für einen Zeitraum von etwa 10 Jahren den Handel in seinem weiten Gebiete zu gestatten.

Im Jahre 1878 war der Graf de Semellé, der schon 1867 als Abenteurer an der Westküste gesehen wurde, mit dem Belgier Burdo im Niger erschienen, um, angeblich, im Auftrage der Pariser geographischen Gesellschaft, eine Forschungsreise den Benue hinauf zu unternehmen. Diese unterblieb, doch kehrte er nach kaum halbjährigem Bestehen des Monopols mit reichen Mitteln und dem Schiffe Adamaua zum Zwecke des Handels 1880 wieder und seitdem besteht die Société française als Konkurrenzgesellschaft der englischen Kompagnie. Dies hat die Preise aller Produkte wieder mehr zu Gunsten der Verkäufer gewendet. Der Vertrag konnte von König Umóru nicht aufrecht erhalten werden, weil er nicht nur sämtliche Untertanen, die natürlich nicht gefragt worden waren, sondern den König selbst und die Grossen schädigte, die früher von dem Fett des Handels im Ueberflusse lebten, welches nun die Monopolisten ausschliesslich für sich in Anspruch zu nehmen beabsichtigten. Was der König und diese durch den Vertrag augenblicklich gewonnen, ging ihm an sonst reichlich von seinen Untertanen empfangenen Abgaben verloren und er hielt sich daher betrogen. Das Volk war in eine sehr gereizte Stimmung gebracht und der gegenwärtige Aufstand dürfte in der Hauptsache seinen Grund in der Unzufriedenheit Aller mit jenem Vertrage haben. Das Monopol veränderte zu hart und plötzlich alles Bestehende.

So sehr ich das Monopol in seinem Princip verwerfe, so muss ich anerkennen, dass es in Bezug auf den Handel von guter reinigender Wirkung, einem schweren Gewitter vergleichbar, in der kurzen Zeit seiner Existenz gewesen ist. Aber die französische Konkurrenz traf auch zur Zeit ein; sonst hätten sich die üblen Folgen bald fühlbar gemacht und die gegenwärtige Revolution, die wie gesagt in der Hauptsache jenem Vertrage ihre Entstehung verdankt, beeinträchtigt stark die Produktion der Sheabutter, wie überhaupt das rege Handelsleben in Nufe.

Wenn ich vorher sagte, dass früher das einzig begehrte Handelsobjekt Elfenbein war und es Thatsache ist, dass die Plejad 1854 eine Ladung mitbrachte, so hat sich das längst geändert. Elfenbein ist eben kein Pflanzenprodukt, das alljährlich reift und gepflückt werden kann. Es geht jetzt in regelmässigen Karawanenzügen nach Eggan (seit Eröffnung des Handels in Loko am Benue zurückgegangen), Wonangi bei Bida (höchst unbedeutend) und Loko am Benue (Hauptmarkt der Gegenwart), jährlich kommen ca. 60 bis 80 Tons an den Markt. Wie Eggan seine viele Jahre hindurch behauptete Bedeutung als Elfenbeinmarkt für West-Central-Afrika an Loko hat abtreten müssen, so wird dieser Ort sie voraussichtlich bald an weiter östlich gelegene abtreten, denn das weite vielversprechende Gebiet des Benue wird bald in den Kreis der Thätigkeit der englischen Kompagnie gezogen werden. Einzelne Dampferexpeditionen nach Adamaua um Elfenbein zu kaufen, verlohnen sich heute nicht mehr, wie die Henry Venn-Expedition bewiesen hat, obwohl es in Adamaua nach Versicherung der Elfenbeinhändler eine unerschöpfliche Menge und darunter viele Zähne geben soll, die zu schwer zum Transportieren sind.

Da ein guter Lastträger 130—150 Pfund Gewicht tragen kann, so müssten das in der That bedeutende Zähne sein. Da die Herren aber sehr übertreiben, so bleibt die Wahrheit solcher Angaben sehr fraglich.

Ausser Elfenbein werden, wie schon erwähnt, nach Europa exportiert: als Hauptprodukte Palmöl und Sheabutter, dazu in neuester Zeit viel Beniseed (Sesam), Palmkerne, die in guter Qualität und in bedeutenden Quantitäten zu Preisen, die in keinem Vergleich zu denen der Küste stehen, gekauft werden, Nussöl, Baumwolle, Häute, Wachs u. a. m. Vermittelung des Binnenhandels in Afrika selbst und teilweise Export nach andern Ländern: Lubee (Potasche, Natron), Kolanüsse, Bleiglanz, Baumwollenstoffe (nach Brasilien und Westindien) im Lande fabriziert und Toben, Lederarbeiten und Leder, Kalabassen, geschnitzte Flaschenkürbisse u. a. m.

Gegenwärtig kenne ich am Niger folgende Unternehmungen:

1. United African Company limited mit ca. 30 Faktoreien:

Akassa an der Nun-Mündung. Im Lower river: Agbire, Egebo, Abo, Ndoni, Abragede, Aguä, Odugre, Utsçhi, Osámare, Akri Atani, Alenso, Adequä, Oko, Ebutschi, Assába, Onitscha, Igbokeing, Idda. — Im Upper river: Beaufort (Insel), Lokodja, Loko am Benue, Magadjia, Muil, Eggan, Wonangi, Egbadji, Schonga Stadt am Wasser (nicht die Fulbe Freistadt) kürzlich im Aufstand niedergebrannt, Rabba kürzlich zerstört im Aufstand; Faktorei aufgehoben.

Die Kompagnie hat gegenwärtig etwa 8 Steamer und Steamlaunches und erwartet Ersatz für mehrere in letzter Zeit verlorene Dampfer.

2. Die Société française d'Afrique equatoriale, die noch immer die 9zinkige Grafenkrone in der Hausflagge trägt und den Wahlspruch führt: „Sois brave et loyal," mit soweit mir bekannt 8 Faktoreien:

Brass an der Mündung des Rio bento, Ndoni, Onitscha, Alá, Gbebe, Loko am Benue, Lokodja, Eggan. Sie besitzt 2 Steamer, 2 Leichter und 1 Steamlaunch.

3. Crowther brothers (Joseph und Samuel, Söhne des Bischofs) mit einem kleinen Steamer.

4. Mr. Lees, native trader in Lagos, mit einem gescheiterten alten Steamer.

5. Mr. Scott, Engländer, Besitzer eines kleinen Steamlaunch.

6. Mr. Lander in Brass, Engländer, scheint in Beziehung zu oben genanntem Lees zu stehen. Die übrigen Firmen in Brass führe ich nicht an, weil ihr Handel sich auf den Ort beschränkt, und auf das Palmöl, welches ihnen durch die Brassleute zum Verkauf gebracht wird. Sie sind Küstenhändler und haben keinen Teil am Handel des Niger-Benuegebiets.

7. Mr. Phillips, Engländer, der einstweilen in einem Canoe den Niger befährt in Erwartung eines Steamers.

Diese kleinen Unternehmungen erwähne ich nur, um zu zeigen, wie das Interesse für den Niger seit 1879/80 schon gewachsen ist. Sie kranken meist an Mangel an genügenden Mitteln, teils auch an gehörigem Verständnis, an ungenügender Lokalkenntnis und mangelnder Arbeitseinteilung.

8. Noch ein Unternehmen des Franzosen Viard, einst im Dienst des Grafen de Semellé, ist zu erwähnen, das anfänglich ein wissenschaftliches zu sein schien, nach den zahlreichen mitgeführten meteorologischen und anderen Instrumenten, sich seither aber ganz als ein merkantiles erwiesen hat. Monsieur Viard, der eine brauchbare Steamlaunch besitzt, ist mit einer in Loko gekauften Quantität Elfenbein nach Frankreich zurückgekehrt, die wissenschaftlichen Instrumente liegen schwer bestaubt in Brass in seiner Hütte, während am Fluss an verschiedenen Orten, in Lokodja, in Loko am Benue Factoreien für ihn erbaut werden und Agenten für ihn agitieren.

Allem Anscheine nach sucht er Geld in Frankreich aufzu-
treiben, um das Geschäft in grösserem Stile zu betreiben.

Ich glaube zu wissen, dass die französische Regierung
beide französische Unternehmungen im Niger materiell unterstützt.

In Bezug auf die voraussichtliche Zukunft des Niger-
Benue-Handels, habe ich die Ueberzeugung, dass diese Wasserstrasse, die Strasse des Welthandelsverkehrs mit dem so
sehr produktions- wie consumtionsfähigen Sudan werden wird.
Sie ist der einzig brauchbare, wirklich schiffbare Zugang
zum Herzen des dunklen Kontinents, ein Wasserweg von
der Länge des Rheines von der Mündung bis in die Schweiz
ein Wasserweg, der praktisch gebauten Fahrzeugen das ganze
Jahr hindurch kein Hindernis für den regelmässigen Verkehr in den Weg legt, dessen zahlreiche Zuflüsse aus allen
Himmelsgegenden die Zufuhr von Produkten erleichtert.

Ein Deutscher (Barth) hat seinen östlichen Hauptarm,
gerade den Arm, der für Handel und Verkehr die grösste
Bedeutung hat, entdeckt, andere deutsche Reisende (Vogel,
Rohlfs haben ihn mehrmals gekreuzt und befahren und wieder-
holt seine Bedeutung betont, den eifrigen Bemühungen
Deutscher für Wissenschaft und Humanität (Petermann,
Ritter von Bunsen) ist seine erste gründliche Erforschung
zu verdanken (durch Baikie, May, Crowther), nicht zu
gedenken der zahlreichen Deutschen, deren Namen als Märtyrer verzeichnet sind in der Entdeckungsgeschichte des Niger.
Obgleich die deutsch-afrikanischen Handelsbeziehungen am
besten nach dieser Richtung hin mit Vorteil erweitert werden könnten, ist dennoch die deutsche Flagge hier noch
nicht gesehen worden, weder um wissenschaftliche, noch um
humane, noch merkantile Zwecke zu fördern.

Ich möchte mir hier am Schlusse erlauben, dem deutschen Grosskaufmann, der am Welthandel teil nimmt, und
den deutschen Grossindustriellen daran zu erinnern, dass
die Wissenschaft überhaupt, wie vorzüglich die geographische
Forschung von ihm nicht gar so gleichgültig und kalt be-

handelt werden sollte, denn die letztere arbeitet speciell in seinem Dienst und zu seinem Vorteil. Der englische Kaufmann und Industrielle weiss sie besser auszunützen. Doch nicht nur d a s, weit mehr ist erwünscht und verspricht grosse Vorteile für beide Teile, nämlich: werkthätiges Interesse für die gegenseitigen Bedürfnisse! von Seiten j e n e r: Unterstützung der Forschung mit den pekuniären Mitteln; von Seiten dieser, der Pioniere der wissenschaftlichen Forschung: grössere Aufmerksamkeit und Hingebung für die praktischen Interessen des Handels, wodurch sie, wenn erst einige Erfolge erzielt wurden, die Aufmerksamkeit der Interessenten, wie der Regierung auf sich lenken und williger und leichter die nötigen Mittel für ihre Unternehmungen erhalten werden.

Es ist der Egoismus, der den Beruf des Geschäftsmannes charakterisirt und derselbe lässt es nicht zu, dass er Bestrebungen unterstützt, die ihm und zu gleicher Zeit andern g e s c h ä f t l i c h nützen könnten. Ein reiches Kaufhaus würde weit eher zu bewegen sein, eine grossartige wissenschaftliche Expedition, die praktische Erfolge verspricht, aus eigenen Mitteln auszurüsten, als 1000 Mark zu demselben Zweck herzugeben, im Verein mit vielen Konkurrenten, wo jene sich der Erfolge mit erfreuen dürften. In solchem Falle ist der Egoismus schlechter Patriotismus! Und doch ist derselbe die Grundanschauung der Meisten, wie ich aus Erfahrung weiss.

So liesse sich z. B. viel für die Ausbreitung des Handels in Westafrika thun, wenn die daselbst an der Küste engagierten Grosskaufleute zu bewegen wären, gemeinschaftlich, zuerst mit Hilfe der wissenschaftlichen Forschung, im Nigergebiet vorzugehen, die Errichtung von wissenschaftlich-merkantilen Stationen nach dem Plane der A s s o c i a t i o n i n t e r n a t i o n a l e oder einem modificirten Plane durch Beiträge zu ermöglichen. D e s V a t e r l a n d e s W o h l ist mit der Ausbreitung seines Handels und der Industrie eng verknüpft, hier liegt ein fruchtbarer Acker brach, für dessen

Bestellung schon mancher Deutsche als Märtyrer fiel. Wann werden deutsche Hände ihn bestellen zu Nutzen ihrer selbst, wie des Vaterlandes, wie zu ehrendem Angedenken der Manen ihrer edlen Brüder?!

---

19. Brief.

Akassa, den 14. Dezember 1881.

Mein lieber Bruder!

Der schönen Wandlung Deiner Gemütsstimmung freue ich mich sehr. Sie ist mir eine Garantie, dass Du wieder glücklich bist, soweit wir Menschen dies bei unserer mehr oder weniger deutlich ausgesprochenen faustischen Zwienatur sein können.

Was mich betrifft, so bin ich in der That vom Glück begünstigt gewesen und die Aussichten für die Adamauareise sind so gut, als sie nur sein können. Dein grosses Lob und Dein begeistertes Empfinden für mein Gethanes und mein Thun freut mich, wenngleich ich es nicht verdiene.

Glaube nicht, dass ich allzu bescheiden bin. Aber die Worte, die resignierten, welche Göthe dem Orest in den Mund legt in bezug auf „grosse Thaten, die schliesslich nichts als eitel Stückwerk sind," passen ausgezeichnet auch auf das Streben des Forschungsreisenden. Derselbe ist, wie die Väter dem Orest, den Augen der beurteilenden Welt entrückt und diese ist gewohnt, jedes derartige Unternehmen von vorn herein als eine Grossthat anzusehen und den Betreffenden zu preisen, wenn sie von seinen sogenannten Thaten hört.

Wenn mich Jemand lobt oder mir grosse Worte vorspricht, fühle ich mich beschämt; es ist mir, als stände ein Schatten, ein etwas, der personifizierte „blinde Zufall" oder „Fortuna" oder gar „die Vorsehung", die gütige, selber hinter mir und ermahnte mich, nicht eitel und stolz und übermütig zu werden, sondern die Lorbeeren ihr zu reichen, der sie von rechtswegen zukommen, und das kann ich bis heute leichten Herzens thun.

Ich denke dabei, wenn sie mir für diese meine immerhin von
guten Geistern anzuerkennende Bescheidenheit und Selbstüber-
windung nur genug Blätter von den Lorbeeren wiedergiebt,
wenn sie vertrocknet sind, sodass ich stets zur Bratensauce
genügend habe bis zum letzten Stündlein, dann will ich ganz
zufrieden sein.

Auch mich hat — da wir doch mit den Göttern, den
alten und neuen, stets auf gutem Fuss gestanden — die Muse
wieder geküsst und zwar eine andere, als die, mit der ich sonst
in schönen Stunden schmerzlich süssen Verkehr pflog. Der
Augenblick wirkt stets mächtig auf mich und ich muss dann
dem Übermass an Empfindung durch Worte oder durch eine
That Ausdruck geben, was mich vor weiteren Narrheiten schützt
und meinem Gemüt das innere Gleichgewicht wiedergiebt.

Hübbe-Scheiden, mein kolonialpolitischer Luther, seitdem
ich seine „Motive zur überseeischen Politik Deutschlands" gelesen, hat mich nun derart begeistert, dass ich zwei Sonette,
von denen wohl nur das erste ganz auf diesen Namen Anspruch
machen darf, verfasste und ihm zueignete. Es ist möglich, dass
Du sie gedruckt siehst, natürlich nicht von meiner Seite. Ich
füge sie für jeden Fall gleich bei.

I.

„Das Alte fällt, es ändert sich die Zeit"
Und herrlich neues Leben bricht sich Bahn;
Du wackrer Held, das Banner trag voran
Und Scharen folgen Dir von nah und weit.

Führ' uns nur bald zu dem ersehnten Streit,
Der andern Völkern Lorbeern oft gewann!
Jungdeutschland will nun zeigen, was es kann,
Es ist zu jeder grossen That bereit:

Zum Weltbesiegen — nicht mit Schwert und Speer,
Mit rüst'ger Thatkraft und mit ems'gem Fleiss;
Zum Welterobern — nicht mit Kriegesheer,

Mit Pflug und Spaten und mit saurem Schweiss;
Zum Weltbeherrschen — nicht durch blosse Kraft,
Durch jeder hohen Tugend Meisterschaft.

2.

Regt Ihr Euch endlich, junge deutsche Aare,
Zu kühnem Flug durch Gottes schöne Welt?
Der Tisch ist reichlich auch für Euch bestellt,
Wie ich mit Freuden oftmals hier gewahre.

Und Brüder melden von dem Rund der Erde,
Dass vieler Orten gartenreiches Land
Schon lange wartet Eurer fleiss'gen Hand,
Damit es neue deutsche Heimat werde.

Die Schwingen, die gekräftigt manches Jahr,
Gebrauchet erst zur Sonne aufzufliegen;
Seht Ihr die Welt zu Euren Füssen liegen,

So wählet mit den Augen scharf und klar
Und Gott geleite Euch auf diesem Zug
Und segne Eure Werke, Euren Pflug.

Der Dame aus Boston in Z. magst Du sagen, was Dein
Herz Dir eingiebt. Gefahr ist für mich keine für den Augenblick vorhanden; ich glaube überwunden zu haben.

„Nur kleine Seelen beklagen und schelten
Ihr Dasein als schal, ihr Leben als nichtig,
Weil ein inniger Wunsch ihnen ungewährt blieb,
Wo die grossen Seelen verschmerzen und schweigen;
Denn rüstige Thatkraft gebiet ihr Verzichten.“

Dennoch wollte ich, dass man meiner jenseits des Atlan-
tischen Ozeans gedächte.
Grüss Alle, die sich meiner freundlich erinnern von
Deinem Dich liebenden Bruder
Eduard.

20. Brief.

Loko, den 5. Februar 1882.

Mein lieber Bruder!

Du entsinnst Dich gewiss der Nacht, da wir gemeinsam
den kurzen Weg vom Waterloo-Hotel in Hamburg nach unserer
Wohnung zurücklegten, nachdem ich zum letzten Mal für lange
Zeit, vielleicht für immer, Abschied genommen hatte von einem

kleinen Kreis von Menschen, die ich lieben und hochachten gelernt im Leben. Professor Neumayers zu Herzen dringende Worte umschwebten mich noch. Ich muss Dir gestehen, dass mir zu Mute war, während er sprach, wie einem Mädchen, dem eine Liebeserklärung gemacht wird; verwirrt, fast beschämt, ohne genau zu wissen warum, und doch so glücklich!

Es ist ein wunderbar gearteter Mann, dem des Lebens Schattenseiten und die gemeine Misere, der wir täglich begegnen, seine hohe ideale Gesinnung, seine reine Menschenliebe und die Beachtung jedes noch so unbedeutenden Keims des Guten nicht haben beeinträchtigen können. Wenn ich an jene Zeit zurückdenke, wo ich mit meiner Erstlingsarbeit mich zunächst an ihn wandte mit der Bitte um Unterstützung meiner Reisepläne, so danke ich meinem Stern, der mich gerade zu ihm führte.

Kleine Zufälligkeiten, unbedeutend erscheinende Ereignisse haben seitdem mein Unternehmen gefördert und meist gerade in dem Augenblicke, wo ich mit grosser Besorgnis auf den Fortgang desselben blickte; diese bilden in meinem Gedächtnis die Glieder einer Kette, in der mein Herz voll Dank die leitende Hand der Vorsehung erkennt, wenn auch der Verstand zuweilen gegen solche Anschauung Einsprache zu erheben versucht. Der Anfang dieser Kette reicht indes weiter in die Vergangenheit hinein, als ich in diesen Zeilen an Dich zurückgegriffen.

Schon in dem Umstand, dass ich trotz meines wenig klugen Benehmens, als ich Stellung nach der Westküste Afrikas suchte, um meinen Körper erst auf seine Widerstandskraft gegen das verrufene Klima zu prüfen, meinem künftigen Chef G. L. Gaiser in Firma Gaiser & Witt offen meine eigentlichen Absichten für die Zukunft vor dem definitiven Engagement mitteilte und doch angenommen wurde, erkenne ich ein Glied jener glücklichen Ereignisse, und ich werde dem verständig urteilenden und edel denkenden Manne stets Dank für das in mich gesetzte Vertrauen bewahren, da er mir durch dasselbe den Weg zu meinem gelobten Lande öffnete, ohne dass ich unwahr zu sein brauchte.

Ich nenne den dunklen Erdteil mein gelobtes Land, weil ich mich demselben in meinem Herzen versprochen, gelobt habe, seitdem ich andere Wünsche aufgegeben.

Wenn mein Ziel zu der eben erwähnten Zeit auch fest vor mir stand, so war ich doch über die einzuschlagenden Wege sehr im Unklaren und hätte auch schwerlich sobald schon ohne die zahlreichen günstigen Umstände das Vertrauen der Besten zu erwerben vermocht.

Lebhaft gedenke ich der Tage meiner Dienstzeit an der Küste, der Erzählungen von Dr. Landins Unternehmen, den Niger zu erforschen, und dem frühen traurigen Ende desselben, meiner Begegnung mit dem jungen vielversprechenden Ornithologen Höpfner vom Stettiner Museum, meiner Anfrage wegen Aufhebung des dreijährigen Kontraktes und Bitte um Entlassung zum Zweck der Begleitung jenes Herrn von Lagos über Land nach Lokodja an der Konfluenz des Niger und Benue, die fast gewährt wurde, wenn nicht zufällige Umstände mein Verbleiben in dem Handelshause notwendig gemacht hätten, zu meinem Besten und zum Besten meiner Wünsche, denn Höpfner war durchaus nicht glänzend ausgerüstet und erlag bald darauf dem Klima. Meine Zeit war noch nicht gekommen, was ich damals freilich nicht erkannte.

Ein weiteres Jahr verstrich, meine Dienstzeit war abgelaufen, der inzwischen ausgebrochene Krieg zwischen Abeokuta und Ibadan nahm mir die Möglichkeit, mich durch eine kleine Reise ins Innere, aus eigenen Mitteln bestritten, den deutschen geographischen Gesellschaften bekannt zu machen. Da in der letzten Stunde, — ich war von meinem Vorgesetzten gebeten worden, wenige Wochen über meine kontraktliche Zeit hinaus auf der Faktorei, der ich damals vorstand, zu verbleiben — kam das neugebaute Missionsschiff „Henry Venn" in jenes Gebiet und ich ersuchte den Führer desselben, gegen Vergütung eine Reise Nigeraufwärts als Passagier mitmachen zu dürfen, was mir mit höflichem Bedauern abgeschlagen wurde der Handelseifersucht wegen. Obwohl mir die Absicht sehr fern

lag, den im Nigergeschäft engagierten Firmen persönlich Konkurrenz zu machen, so war doch der Schein gegen mich.

Da bot sich mir ein anderer Weg, gerade diese bevor-
stehende, später so glücklich durchgeführte Reise des „Henry
Venn" mitzumachen, der bisher keine zweite gefolgt ist, obwohl
eigentlich beabsichtigt worden war, alljährlich Reisen zu unternehmen. Der Rechnungsführer des Herrn Ashcroft, des Agenten
der Church Missionary Society am Niger, war erst vor wenigen
Wochen wegen Klimafiebers nach Europa zurückgesandt worden
und Letzterer in Verlegenheit um einen brauchbaren Mann
für den vakanten Posten, sprach zu dritten, mir befreundeten
Personen den Gedanken aus, dass die einzige Möglichkeit, mich
mitzunehmen, die sei, in seine Dienste zu treten, welche Gelegenheit ich natürlich sofort mit Freuden ergriff. In dem
rohen Übermut meines Herzens schrieb ich dem Agenten damals, dass ich ihm, wie Erzvater Jakob dem Laban um Rahel,
gern willig sei zu dienen, nur um die Geheimnisse meiner
dunklen Schönen Afrika zu entschleiern. Bald darauf war ich
engagiert.

Wie glücklich jene Reise des „Henry Venn" ausfiel, ist
Dir und Vielen bekannt, ebenso, dass es mir gelang, durch
diese meine Erstlingsthat auf geographischem Gebiet das Vertrauen einiger der besten Afrikaforscher und Geographen zu
erwerben und durch deren warmes Interesse und eifrige Verwendung für meine Pläne schliesslich wieder im letzten Augenblick (die 6000 Mark wurden mir per Telegraph nachgeschickt)
doch noch Unterstützung deutscherseits, was ich doppelt hoch
anschlug, zu erhalten. Es würde hart für mich gewesen sein,
in der Fremde für Fremde arbeiten zu müssen, meiner Schaffens-
freudigkeit wären dadurch die Flügel beschnitten gewesen. Es
erfüllt mich mit Stolz, die deutsche Fahne, die mir ein Herr
Lankey, ein Deutscher, Agent für Harrison & Co. in Brass,
1880 vor meinem Aufbruch verehrte, auf dem Niger und Benue
zuerst entfaltet und über manche Meile vor mir von keinem
Weissen betretenen Gebietes getragen zu haben. Ein unsäg-
liches Glücks- und Dankgefühl erfüllte mich, als ich nach den

überstandenen Mühen des Einkaufs und der Beschaffung der
für meine erste selbständige Reise nötigen Gegenstände auf dem
prächtigen Strom unter deutscher Flagge schaukelte. Am besten
lässt es sich durch die Dankesworte Fausts wiedergeben:

> „Erhabner Geist, du gabst mir, gabst mir Alles,
> Warum ich bat!"

Wenn ich so oft den Faust zitiere, so rührt das mit daher, dass er mir von lieber Hand bei meinem Scheiden von
Deutschland als Reisebegleiter mitgegeben wurde. Du erinnerst
Dich gewiss noch des hannoverschen Grafen Bremer, des alten,
so heiter philosophierenden Weissbarts, der rechts neben Professor Neumayer beim Abschiedsessen sass, dessen Bekanntschaft
ich erst wenige Stunden zuvor gemacht hatte. Der Zufall wollte
es, dass wir bis Köln Reisegefährten waren; von dort führte
ihn sein Reisebillet über Calais, das meinige mich über Vlis-
singen demselben Bestimmungsorte London zu.

In Köln hatte ich nun das Verlangen empfunden, in den
Dom zu gehen, und er begleitete mich willig, da wir einige
Stunden müssige Zeit hatten. Um meine Gefühle zu verbergen,
wandte ich mich von meinem Begleiter für eine Weile ab; dass
dieselben aber sich auf meinem Gesichte sehr deutlich abge-
spiegelt haben müssen, erfuhr ich bald darauf, als wir, über
schöne Litteratur plaudernd, vor einem Buchladen stehen blieben
und auf Wunsch des Grafen hineingingen, wo er mir Göthes
Faust verehrte, nachdem er zur Erinnerung an unseren Aufenthalt im Dom folgende Stelle angestrichen hatte:

> „Was sucht ihr, mächtig und gelind,
> Ihr Himmelstöne, mich am Staube" u. s. w. bis
> „Die Thräne quillt, die Erde hat mich wieder!"

So ist dieses Buch mein Reisegebetbuch geworden und
gar häufig schon verhinderte mich die Erinnerung an das Wort
„Es muss auch solche Käuze geben" vor übereiltem Handeln.

Alle diese Momente rufe ich in mir zurück, da ich gegenwärtig wieder eine harte Geduldsprobe zu bestehen habe; denn
obwohl ich schon am 2. November Bida verliess, wo ich zwei

Monate wider Willen durch ungünstige Verhältnisse festgehalten
wurde, bemühe ich mich hier nach verhältnismässig sehr schneller
Reise durch das unsichere Gebiet von Abudja über die Wasserscheide der Zuflüsse des Niger und Benue wieder seit drei
Monaten vergeblich, endlich nach Adamaua zu gelangen. Wie
sehr unüberlegt der gute Faust handelte „Fluch vor Allem der
Geduld!" zu rufen, kann ein Afrikareisender am besten beurteilen.

Grüsse Alle, die sich meiner freundlich erinnern, herzlich
und behalte lieb

Deinen Bruder Eduard.

21. Brief.

Bei Loko, den 9. Februar 1882.

Lieber Karl!

Wie Gott will! Ich bin unter traurigen Umständen endlich aufgebrochen von Loko am Benue. Die Elfenbeinhändler
haben alles daran gesetzt, mich an meinem Vorhaben zu hin-
dern und ich bin unter Zurücklassung der Hälfte meiner Güter
heute ausgerückt.

Grüsse die Verwandten und Alle, die sonst meiner gedenken, herzlich! „Vorwärts" mit dem alten Blücher ist meine
Losung.

Dein Eduard.

22. Brief.

Bakundi, den 26. April 1882.

Mein lieber Bruder!

Wenn ich so durch dunkle, dicht verschlungene Wälder
reite, wo die hohe, schlanke Palme wie ein zartes schutzbe-
dürftiges Kind dasteht unter dem mächtigen Blätterdache der
Riesen des tropischen Waldes, oder mich unter den Strahlen
der glühenden Mittagsonne laut prasselnde, nach Ross und
Reiter gierig züngelnde Flammen, des in der trockenen Jahreszeit überall brennenden, über 10—12 Fuss hohen Savannen-
grases umlodern, dann komme ich mir vor wie ein moderner

Märchenprinz, der Dornröschen-Aethiopia aus ihrem langen Schlafe zu erlösen vorhat.

Meine Gedanken, die mich über Zeit und Raum erheben, sind die schützende Aegide, die mich weder die Glut der Sonne und des Feuers, noch die kühle, erfrischende, zur Rast einladende Schönheit des düsteren Uferwaldes bemerken lässt; im Herzen jedoch klingt es mir wie Wehmut, wie das Mahnen der Mutter an Siegfried:

> „Was hoffst du zu holen vom Hinderberge?
> Der Ruhm ist droben, das Glück ist drunten."

Nichts hoffe ich zu holen, nur rastlos zu schaffen ist mein Begehren. Das Schicksal ruft und ich folge seinem Gebot. Die That ist's, die mich lockt. Im Überwinden von Schwierigkeiten, im Gelingen stolzer Gedanken allein sehe ich wahre Würze des Lebens.

In einer Zeit der traurigsten Verfassung meines Gemüts — ich verzehrte mich nach Chrimhilden, die mir vom Schicksal versagt ward entgegen dem Loose unseres vaterländischen Helden — schrieb mir D. die grossen bedeutungsvollen Worte aus Jordans Nibelungen auf ein Stück Papier und schob es mir zu:

> „Nur kleine Seelen beklagen und schelten
> Ihr Dasein als schal, ihr Schicksal als nichtig,
> Weil ein inniger Wunsch ihnen ungewährt blieb,
> Wo die grossen Seelen verschmerzen und schweigen;
> Denn rüstige Thatkraft gebiert ihr Verzichten!"

Ich verachte den Hunger nach Ruhm, aber wenn ich an den Augenblick zurückdenke, da ich jenen Papierfetzen zugesteckt erhielt, so fühle ich heute doch eine innere wohlthuende Befriedigung, dass ich mich aus jenem miserablen Zustande herauszuarbeiten vermocht habe. Mit 20 Jahren will man durchaus glücklich sein, man lamentiert unsäglich, wenn man das gewünschte Spielzeug nicht sogleich erhält und es ist uns doch in diesem Alter meist zu nichts weiter gut, als zerbrochen und in einen Winkel geworfen und vergessen zu werden.

Des Lebens ungemischte Freude findet der sterbliche

Mensch nur in der Arbeit, gleich viel welcher Art sie sei. Wenn dieser Satz allen Menschen verständlich wäre, gäbe es keine Unglücklichen auf der ganzen Erde und die schöne Welt würde nie ein Jammerthal von frömmelnden Thoren genannt worden sein. Diese Überzeugung gewonnen zu haben ist meine grösste Errungenschaft, seit ich Dich zum letzten Mal in meine Arme geschlossen.

Dein Dich liebender Bruder

Eduard R. Flegel.

23. Brief.

Kontscha, den 26. des Wonnemonats 1882.

Mein lieber Bruder!

Ein Wonnetag im Wonnemond! Kontscha ist erreicht, und somit mein „gelobtes Land", das mit dem biblischen in sofern übereinstimmt, als auch hier in des Wortes eigenster Bedeutung „Milch und Honig" fliessen. Wie ich voraussetzte, bin ich körperlich bei der guten, oft reichlichen Nahrung und der herrlichen Bergluft wieder recht wohl.

Mein Cicerone, Madugu Mai-Gassin-Baki, d. h. der Alte mit dem Barte, hat sich trefflich benommen und ich kleidete ihn heute aus Dankbarkeit in Seide von Kopf bis zu den Füssen. Der Mann hat mir durch seine Treue nicht nur manche schlimme Stunde ferngehalten, viel Mühe und Not mit den störrischen Trägern und habsüchtigen Hungerleidern, die es überall giebt, erspart, sondern auch durch seine Liebenswürdigkeit manch trauliche, angenehme Stunde geschaffen, die ich allein mit ihm gemütlich verplaudert.

Jola ist nur 7 kurze Tagereisen entfernt und dort gedenke ich längere Rast zu halten, eine Karte für die Gesellschaft auszuarbeiten und meinen Weg schneckenartig weiterzuführen, immer wieder das tastende Gesicht zurückziehend, wo es etwas Verdächtiges giebt. Es mag nicht sehr heldenhaft sein, aber es führt zum Ziele, und das genügt mir vollständig.

Es mangelt an Zeit, eine Karawane bricht auf, die dieses

mitnehmen soll. Grüsse alle Freunde und Verwandten und
Dr. Behm in Gotha und behalte lieb

Deinen Eduard.

Grüsse auch Deutschland! Heute noch haben des Vaterlandes Farben beim Einzug in Kontscha vor mir geflattert zu
meinem Stolz und meiner Herzensfreude. Beim Anblick dieses
herrlichen Landes, wo es nur an Menschen mangelt, um Alles
abzugewinnen, was zu einem ruhigen, glücklichen Leben nötig
ist, möchte ich, wie Gretchen, im Hinblick auf Deutschland
ausrufen: „Ach, wenn ich etwas auf Dich könnte!" Doch
zweifle ich stark, dass mein Wunsch erhört werden wird, praktische Unternehmungen deutscherseits hier mit zu erben. Franzosen und Engländer werden nicht mehr lange auf sich warten
lassen.

24. Brief.

Lagos, den 10. Mai 1883.

Mein lieber Karl!

Es ist sehr lange her, seit ich Dir zuletzt schrieb. Inzwischen habe ich in der Hauptsache mein Ziel glücklich erreicht: die Quelle des Benue entdeckt und die Wasserscheide
zwischen diesem Flusse und dem Faro einerseits und dem
Logone (Scherbewuel, Fluss von Bagirmi, Zufluss des Schari,
welcher in den Tsadsee fliesst), andererseits überschritten am
18. und 19. August 1882.

Geldmangel zwang mich, wieder umzukehren. Ich habe
indes mein Bestes gethan, diese Rückkehr so wertvoll als möglich zu gestalten, zumeist neue Wege gewählt und reiche Sammlungen für das Ethnographische Museum in Berlin und eine
Sammlung geologischer Proben mit gebracht. Augenblicklich
bin ich mit Berichterstattung über 21 Monate Reisen, mit
Kartenzeichnen u. s. w. viel beschäftigt.

Ich habe mir jetzt als Ziel gestellt, eine deutsche Benue-
expedition zu stande zu bringen und praktische Unternehmungen
deutscherseits in Adamaua und vom Kamerunergebirge hinab
bis zum Gabun und Kongo zu befürworten und einzuleiten. Ob

mir etwas daran gelingen wird?! Doch hoffe ich natürlich das Beste! Sobald ich wieder in Besitz von Geldmitteln gelangt bin, die ich in Lagos abwarte, will ich von Ngaundere, dem fernsten Punkte meiner letzten Reise, nach der Gabunküste oder dem Kongo vorzudringen suchen.

Wie geht es Dir und den Verwandten? Wie gern möchte ich Euch wiedersehen, doch kann es noch nicht geschehen. Ich muss meine Arbeit hier so durchführen, dass sie den gewünschten Zweck erreicht. Wenn ich zurückkehre, möchte ich meine Pläne erst so weit gereift sehen, dass ich für längere Zeit in Europa bleiben und an die Ausarbeitung des gesammelten Materials mit Ruhe gehen könnte.

Empfange anbei meinen ersten Brief an die Freunde deutscher Afrikaforschung etc.

Schreibe mir bald und empfange herzliche Grüsse für Dich und Alle, die sich meiner erinnern, von

Deinem Dich liebenden Bruder

E d u a r d.

- - - - - - - -

Erster Brief

an die Freunde deutscher Afrikaforschung, kolonialer Bestrebungen und der Ausbreitung des deutschen Handels.

———

Seit 1875 beschäftigt mich der Gedanke Dr. Heinrich Barth's, die einzige natürliche und kataraktenfreie Wasserstrasse des schwarzen Erdteils, den Niger-Benue, zu benutzen, um:

der deutschen Afrikaforschung den bequemsten, gefahrlosesten und billigsten Weg zur endlichen Entschleierung der letzten Geheimnisse des Herzens der „Ethiopia" zu zeigen;

die Freunde kolonisatorischer Bestrebungen auf ein Land aufmerksam zu machen, das, weil tropisches Bergland, sehr möglich alle Vorzüge der Tropen mit einem dem Europäer zuträglichen Klima verbinden könnte;

dem an der Westküste von Afrika stark beteiligten deutschen Handel Mittel und Wege an die Hand zu geben, sich nach dem bekanntlich viel gesunderen und viel grössere Handelsvorteile versprechenden Innern auszubreiten.

Damals war es allein die feste Überzeugung, das Rechte getroffen zu haben, wenn auch Manches sich in Wahrheit anders als gedacht erweisen sollte — welche mir die Kraft verlieh, allein gegen den Strom traditioneller Anschauung in bezug auf Unternehmungen von der Westküste Afrika's, dem verrufenen Busen von Benin aus, anzukämpfen. Seit 1879 durch die glückliche Fahrt des „Henry Venn" und noch mehr durch meine letzte Reise (März 1882—Februar 1883) nach dem Quellgebiet des Benue steht mir praktische Erfahrung zu Gebote und nach dieser kann ich meine seit 1879 oft gemachten Vorschläge nur aufs Neue dringend Ihrer Beachtung empfehlen:

Zentralisierung der deutschen Bestrebungen zur Erschliessung Afrika's in Adamaua;

Errichtung von wissenschaftlich-kommerziellen Stationen daselbst;

gründliche Durchforschung des Landes auf dessen Wert für Handel und Kolonisation;

Beschaffung eines kleinen Dampfers zur freien, unabhängigen Bewegung des ganzen Unternehmens, Beförderung von Mitgliedern der Expedition, von Waaren, Sammlungen, Stationsbedürfnissen etc. und zur Lösung der Barthschen Hypothese von der direkten Wasserverbindung zwischen Benue und Logone, event. also zwischen Hamburg und Munza's, des Niamniamfürsten, Gebiet.

Bis heute habe ich freilich vergeblich für diese meine Pläne gesprochen und geschrieben. Zunächst wurde mir die Entgegnung, dass sich niemand dafür gewinnen liesse. Ich sollte aber mit Erfolgen gekrönt heimkehren und meine gute Sache persönlich vertreten, dann liesse sich Manches hoffen, d. h. also: Ich soll erst ein berühmter Mann werden! Es ist ja leider nur zu wahr, dass ein grosser Name selbt für eine grosse Dummheit oft die nötigen Mittel sich leicht zu beschaffen vermag. Dieser Rat ist aber leichter gegeben als ausgeführt, und wollte man darauf warten, bis ich mir durch meine Reisen — zu denen mir immer das Beste fehlt, das Geld! — einen grossen Namen erworben, so könnte man leicht mit dem Unternehmen post festum kommen. Der Niger-Benue ist heute auch nicht mehr so vollständig unbeachtet, wie er es 1875 war. Anderen Nationen ist seine Bedeutung jetzt klar, und englische wie französische Handelskompagnien wetteifern mit einander um die Erschliessung und kommerzielle Ausbeutung seiner reichen Gebiete. Eben deshalb glaubte ich augenblicklich meinen Posten noch nicht verlassen zu dürfen, wenn auch mein physischer Zustand vielleicht mehr als je dieses erheischt. Sonst hätte ich wahrscheinlich, gestützt auf meine letzten Erfolge, die Entdeckung der Wasserscheide zwischen Benue und Logone, es persönlich versucht, in Deutschland mit meinen Anschauungen durchzudringen oder wenigstens doch denselben Freunde zu gewinnen. So aber muss ich meine Hoffnung darauf setzen, dass sich berühmte deutsche Männer finden werden, die genügendes Interesse an der deutschen Afrikaforschung haben und so viel Patriotismus besitzen, um meine Vorschläge nicht unberücksichtigt abzuweisen, sondern sie erst einer gründlichen Prüfung zu unterziehen und event., wenn ein endgültiges Urteil zu Gunsten derselben gefällt werden sollte, ihre Namen zur Durchführung des meiner Ansicht nach viel versprechenden Unternehmens herzugeben sich bereit finden.

Ich gebe die frohe Hoffnung, trotz fehlgeschlagener Versuche, so leicht nicht auf, die deutschen Farben auf dem Niger-Benue entfaltet zu sehen zu ehrendem Angedenken unseres grossen Entdeckers Barth wie zum Ruhme und Nutzen unseres gesamten Vaterlandes. Nachdem ich hierdurch meine Pläne nochmals dargestellt, bleibt mir nur noch die Pflicht, die Zweckmässigkeit derselben zu begründen.

Legen wir einen Kreis um Afrika, so fällt das Centrum desselben ungefähr da, wo der Libasee auf den Karten verzeichnet ist, nur etwa um einen Grad südlicher. Dieser Kreis schneidet nahezu Kap Spartel und Kap Lagulhas und bleibt von Kap Verde (ca. $1\,^1/_3$ Grad = ca. 20 deutsche Meilen) etwa gleich weit entfernt. Die Radien dieses Kreises sind ca. 38 Grad = 570 deutsche geographische Meilen lang. Denken wir uns in der Peripherie dieses Kreises die Himmelsgegenden verzeichnet, so wird man von ihr ausgehend in der Richtung nach dem Zentrum hin, dem noch völlig unbekannten Herzen des Kontinents, im Süden, Südosten, Osten, Nordosten, Norden und Nordwesten sehr bald auf Land stossen, nur wenig bedeutende Meereinschnitte und noch weniger grosse Ströme finden, welche als Zugänge für die Fahrzeuge der Civilisation brauchbar wären. Anders dagegen auf dem vierten Viertel des dem Kontinente umschriebenen Kreises, der zwischen Westen und Süden gelegen ist. Hier bringt uns der Busen von Guinea dem besagten Zentrum — dem Gebiete, in welchem die gegenwärtig interessantesten Fragen der Geographie Afrikas zu lösen übrig geblieben sind — um mehr als 400 deutsche geographische Meilen näher. Ausserdem liegt gerade hier die einzige kataraktenfreie Wasserstrasse des ganzen Kontinentes, welche auf mindestens 1100 Kilometer, wie durch die Expeditionen der „Plejad" 1854 und des „Henry Venn" 1879 bewiesen worden ist, europäischen Fahrzeugen kein Hindernis in den Weg stellt.

Diese einfachen Thatsachen — da Wasserwege bekanntlich billiger, gefahrloser und bequemer sind als Landwege, namentlich in Afrika — empfehlen die nochmalige Zentralisierung der deutschen Bestrebungen zur Erforschung Afrikas in Adamaua, wo, wie ehemals in Loango Chinchocho, eine oder mit der Zeit mehrere deutsche Stationen errichtet werden müssten, die als Ausgangspunkte für die zu unternehmenden Forschungsreisen dienen sollten, ferner für astronomische, meteorologische und magnetische Beobachtungen und um Sammlungen anzulegen zur Förderung aller Zweige der Naturwissenschaft, sowie namentlich auch der Ethnographie, der hier ganz besondere Dienste noch in der letzten Stunde geleistet werden

könnten, da die Urbewohner des Landes vernichtet werden
durch zahllose Kriege, Verdrängung aus ihren alten Sitzen,
Fortführung in entlegene Länder in die Sklaverei und die
grenzenlose geschlechtliche Vermischung.

Das Zentrum meines Kreises liegt von der geplanten Station in Adamaua nur ca. 100 deutsche geogr. Meilen entfernt.
Vom Kamerungebirge, das mir ebenfalls s. Z. ein sehr em-
pfehlenswerter Punkt für die Zentralisierung deutscher Unternehmungen zur Erschliessung und Kolonisierung des dunklen
Erdteils erschien und noch erscheint, liegt jenes Zentrum um
ca. 140 deutsche geogr. Meilen entfernt. Dieses Gebiet hat
auch die Aufmerksamkeit des Vorstandes der „Afrikanischen
Gesellschaft in Deutschland" ernstlich beschäftigt (Mitteil. d.
Afrik. Ges. i. D. Bd. II. H. 5 Fol. 221). An gesundem Klima
steht das Bergland Adamaua dem Kamerungebirge nicht nach,
dagegen sprechen folgende Vorzüge für die Besetzung Ada-
mauas:

Die muhamedanische Bevölkerung, die hier eine tolerant
denkende genannt werden muss. Die Bildung der herrschenden
Klassen in Adamaua ist die von Bornu und Haussa;

der Reichtum des Landes an guter, gesunder, auch dem
Europäer gewohnter, zuträglicher Nahrung, als: Fleisch, Butter,
Milch, Honig, Reis, Weizen, Datteln;

der verhältnismässig sehr hohe Wert von europäischen
Industrie-Artikeln;

die grössere Möglichkeit, in das Innere mit Erfolg vorzudringen, selbst in scheinbar sonst für den Einzelreisenden un-
betretbare Gebiete, indem er häufig Gelegenheit finden wird,
sich den Kriegszügen der Fulde-Eroberer oder den Handels-
karawanen der Haussas anzuschliessen;

der Reichtum an Elfenbein, wodurch mit Erfolg versucht
werden könnte, die Unkosten des Unternehmens sicher wenigstens zu verringern.

Bei Unternehmungen von der Küste aus hat man die
ewigen Kriege um Handelsvorteile, die Kleinstaatenwirtschaft
der Heiden, den krassen Aberglauben und unvernünftige Sitten

und Gebräuche zu fürchten. In Adamaua dagegen wird jeder Europäer, seitdem es mir geglückt ist, das Land dem Verkehr zu erschliessen, hochwillkommen sein. Alle Strassen des Sudan werden hier, soweit sie von Gläubigen begangen werden — und das ist ein gewaltiges Gebiet und reicht über viele noch völlig unbekannte Länder — als Eigentum des Emir el Mumenin in Sokoto betrachtet und Friedensstörern auf denselben einfach der Prozess gemacht.

Als erste Ziele der Mitglieder, die sich Forschungsreisen zur Aufgabe gestellt, glaube ich den Versuch der Durchquerung des Kontinents in der Richtung:

1. nach dem Welle Schweinfurts,
2. „   „   östlichen Seegebiet und Zanzibar,
3. „   der Gabunmündung oder dem Kongo, und
4. „   „   Mündung des Alt-Kalabar

empfehlen zu müssen.

Aufgabe 3 und 4 habe ich in mein spezielles Programm aufgenommen und will zunächst Aufgabe 3 zu lösen suchen, sobald ich wieder von der Gesellschaft mit Mitteln — die ich sehnlich erwarte, um noch vor Beginn der Regenzeit etwas thun zu können — versehen sein werde.

Der Vorstand der Afrikanischen Gesellschaft in Deutschland beschloss in der Sitzung des Ausschusses vom 9. Juni 1881 — spätere Nachrichten über seine Thätigkeit sind mir leider nicht zu Gesicht gekommen —: An den Operationsbasen festzuhalten unter Veränderung der Ausgangspunkte (Mitteil. d. Afrik. Gesellsch. Bd. II. Heft 5. Fol. 22). Ferner: Da Stanley mit fast unbeschränkten Mitteln im Kongogebiet arbeite, die Wahl eines nördlicheren Ausgangspunktes, welcher der Schlüssel zu dem weiter zwischen Benue und Ogowe gelegenen Gebiete und seinen Bewohnern werden kann. (Ebendaselbst Fol. 221.)

Damals war der Vorstand noch nicht in der Lage, Näheres mitteilen zu können. Sollte ich nun mit meinen Plänen einer deutschen Benue-Expedition, wodurch am ehesten die Gebiete zwischen Benue und Ogowe sich erschliessen lassen, nicht zu spät kommen, so könnte der Vorstand der Afrikanischen Gesellschaft in Deutschland, unterstützt durch Beiträge von Interessenten an der Ausbreitung des deutschen Handels in dem beregten Gebiete und von Freunden kolonisatorischer Bestrebungen und unterstützt auch wahrscheinlich von der deutschen Regierung, die Sache mit mehr Erfolg in die Hand nehmen. Hier begegnen sich ja die Interessen der Forschung, des Handels und der Staatsverwaltung in vielen Punkten und sollten daher auch ihre Kräfte vereinigen zur Erreichung grosser Ziele.

Wenn die deutsche Regierung nicht bald damit beginnt, die Entdeckungen deutscher Forscher praktisch in irgend einer Weise auszunutzen, wenn die deutsche Kaufmannschaft und die Industriellen Deutschlands nicht mehr Teilnahme, und zwar werkthätige Teilnahme, der deutschen Forschung zuzuwenden und deren Erfolgen mehr Aufmerksamkeit als seither zu widmen sich entschliessen, wenn endlich die deutsche Forschung selbst in Zukunft nicht mehr Interesse zeigt, praktische Erfolge zu erzielen, so werden wir auch noch fortfahren, Opfer an Kapital und wertvollen Menschenleben zum Besten andrer Nationen, die uns das wenig Dank wissen, zu bringen, wie wir es leider seither gethan haben.

Lagos, den 20. April 1883.

Ed. Robert Flegel.

---

25. Brief.

Loko am Benue, den 10. September 1883.

Mein lieber Bruder!

Die Zeit des neuen Aufbruchs ist nahe gerückt. Ich sende Dir mein Bild; bis ich Gelegenheit finde, Dich wiederzusehen, musst Du Dich schon damit begnügen. Sorge dafür, wenn möglich, dass dasselbe in Bostons illustrierten Blättern erscheint, nebst kurzer Übersicht meiner letzten Bestrebungen.

Ich habe zu dem Toast, den der Herr Staatsminister von Gossler bei Gelegenheit der Feier des 55 jährigen Bestehens der Gesellschaft für Erdkunde zu Berlin ausbrachte, ein paar Randglossen in Sonettform verfasst, welche Dir durch D. zugeschickt werden sollen.

Grüsse die Verwandten herzlich von mir. Ich schreibe nicht, weil ich nicht Worte machen kann; beim Wiedersehen, auf das ich hoffe, mag das Gefühl in uns sprechen. Ich bin in der That zu sehr in Anspruch genommen von meinen Ideen und Plänen, und nur, wenn ich von der Arbeit ausruhe, schweifen meine Gedanken und Wünsche zu Euch hinüber und der Heimat, von der ich nun über 13 Jahre entfernt bin.

Ich bitte, mir trotz alledem ein freundliches Andenken zu bewahren.

Dein Dich liebender Bruder

Eduard.

26. Brief.

Wukari, den 16. Oktober 1883.

Mein lieber Bruder!

Herzlichen Dank für Deinen reine Liebe und Sorge um mein Wohl und Glück atmenden Brief!

Entsinnst Du Dich noch, wie wir in Riga der Anna Suhrland als Donna Diana gelauscht? Sie sagt:

> „Heiraten und die Erde pflügen,
> Das hat in meinen Augen gleichen Rang.“

Doch schliesse nur ja nicht voreilig aus dieser Ausführung, dass ich diese Worte im Sinne der thörichten Donna gebrauche. Im Munde eines Mannes liegt besserer Sinn in diesem Satze; denn „das Weib ist der Acker des Mannes,“ sagt der Prophet mit Recht, „und er soll ihn fleissig bestellen.“

Ich habe diese Pflicht bis jetzt versäumt und also trotz meiner 31 Jahre und 3 Tage nichts für die Unsterblichkeit gethan. Es ist also hohe Zeit, auch daran zu denken. Ja, ich sehne mich recht nach einiger Ruhe und häuslichem Glück und komme mir einmal wie „Ost, der umgetriebene Sohn der Erde,“ ein ander Mal wie „Faust, der unbehauste Unmensch“

vor. Doch wie lässt sich dieser Wunsch vereinen mit meinen Plänen für die Zukunft?

Auf 5 bis 6 Jahre habe ich neue Pläne eingereicht, eine Arbeit, die mir Lebensaufgabe geworden ist. Und habe ich denn ein Recht, ein Weib an mich zu fesseln, um sie einer sorgenreichen, ungewissen Zukunft preis zu geben? Meine völlige Freiheit eben giebt mir den fröhlichen Mut. Wenn das Schicksal mir ein „Halt!" plötzlich zuruft, so kann ich ruhig scheiden. Du wirst es zu tragen wissen, und sonst hier und da jemand, dem ich im Leben befreundet gewesen und näher gestanden, auch. Aber „wen auf Erden Liebes hält!" Ich weiss ja eigentlich noch nicht, was das in seiner ganzen Bedeutung sagen will. Den „ersten Kuss der Liebe," dem Scheffel so herzliche Worte in seinem „Trompeter" widmet, von dem er sagt, dass „eine Wehmut ihn ergreift, zu denken, dass er schon geküsst ist!" Mir steht das ja alles noch bevor, wie auch das Glück, von dem Bodenstedt singt in seinem „Andre bauten mir die Brücke" u. s. w. Bis heute ist's mir wie ihm ergangen:

„Doch indem ich Alles hatte,
War mir's meist, als hätt' ich nichts!"

Mit Amerika muss ich abschliessen; das fortzusetzen ist thörichte Eitelkeit meines Herzens. Mein Lehrer singt:

Gieb nie dein Herz verloren,
Wo sich keins wiedergiebt!
Der Mann zählt zu den Thoren,
Der unerwidert liebt.

Nach Verlauf von über 10 Jahren werde ich Kopf genug haben, um bei einem Wiedersehen mit K. den Wert ihres Herzens schätzen zu können, und ich will sie zu diesem Zweck eben wiedersehen. Vielleicht finde ich sie als brave Hausfrau mit einer Kinderschar wieder! Auch das sollte mich freuen meinetwegen eben so sehr als ihretwegen.

Ich bin erstaunlich verständig geworden. Da ich die, welche ich wollte, wie es den Anschein hat, nicht haben kann, so will ich jetzt sehen, ob sich nicht ein Wesen findet, das mich haben will und zum Dank für diese Gunst will ich mich ihr zu eigen geben mit all der Hingebung, deren ich fähig bin. Vielleicht lässt sich unter solchen Voraussetzungen denn auch ermöglichen, dass ich meiner Lebensaufgabe treu bleibe und meine Pläne nach und nach in kleinen Perioden ausführe. Die Dampferverbindung auf dem Niger-Benue ist solcher Arbeit sehr günstig, auch finden sich wohl tüchtige Nachfolger, denen ich das begonnene Werk überlassen kann, die es vielleicht noch besser und schneller zu Ende führen, als ich selbst.

In Folge des langen Ausbleibens der mir von Berlin aus zugesagten Unterstützung war ich in Verlegenheit geraten, aus der mich indes einige befreundete Herren in Lagos befreiten. So sehr mir auch diese Hilfe erfreulich schien, so wollte ich anfangs doch nicht zugeben, dass diese Herren ihr schwer verdientes Geld so leicht wieder auf's Spiel setzten. Als aber die belgische Expedition unter Longsdales Führung hier eintraf, welche, wie es hiess, dasselbe Ziel verfolge, durch Adamaua mit 600 Haussas und deren Weibern und Kindern (Longsdale hatte vier weisse Begleiter bei sich und rechnete mit Pfunden Sterling, wo ich mit Schillingen rechnete) nach dem Kongo vorzudringen, nahm ich an und schrieb den Herren, die anfangs auch hiergegen protestierten, Anweisungen aus, worin ich die Hoffnung ausspreche, dass, sollte mir auf dieser Reise etwas Menschliches begegnen, die Herren von der Afrikanischen Gesellschaft diese von mir unter besagten Umständen gemachten Schulden als Ehrenschuld betrachten und nicht zu bezahlen ermangeln werden.

Findest Du es nicht eigentümlich, dass ich gezwungen bin, an meinen Gönnern öffentlich, wenn auch bescheiden, Kritik zu üben? Aber ich kann nicht anders, da es sich weniger um mich, als vielmehr um allgemeine Interessen handelt. In einem Artikel über meine letzte Adamauareise, den ich an die Petermannschen Mitteilungen einsandte, sage ich zum Schluss: „Seit Jahren regt sich im deutschen Volke die Lust zu überseeischen Unternehmungen, Westafrika aber vom Niger bis zum Kongo ist in jeder Beziehung ein sehr beachtenswertes Gebiet für Deutschland, doch kann nichts geleistet werden, wenn es den Arbeitern auf diesem Felde an Geld mangelt. Ich bitte zu bedenken, dass ich seit Mai 1880, also in zwei Jahren und zehn Monaten, 6000, 10000 und 5000, also in Summa 21000 M. erhalten habe und dazu aus eigenen Mitteln 2300 M. hinzufügen konnte. Von diesen 23300 M. gehen die Passage nach Afrika und die Kosten der Instrumente (mindestens 4300 M.) ab, so dass für 34 Monate 19000 M. oder wenig über 6000 M. jährlich zur Verfügung blieben. Eine solche Summe reicht hin, in Europa eben anständig existieren zu können, aber jeder billig Denkende wird sie zu gering finden, um dafür Reisen mit Erfolg in Afrika auszuführen und um die gemachten Erforschungen zum Zweck der Ausbreitung des Handels und der Industrie Deutschlands auszunutzen.

Man thäte besser, die grosse Zahl der Unternehmungen zu beschränken und einige wenige mit genügenden Mitteln zu versehen; sollte ich selbst dadurch meine gehoffte Unterstützung für die nächsten Jahre einbüssen, würde ich doch ein solches Vorgehen entschieden loben."

Inzwischen trafen Briefe von der Gesellschaft ein und ein Kabeltelegramm von Freiherrn von Sch., die mich versicherten, dass das Geld bald geschafft werden würde. Darauf hin kaufte ich denn in Lagos noch die letzten notwendigen Dinge, namentlich Gewehre und Patronen, auf Kredit und brach auf. Ich bin nun in grosser Sorge, dass die Anweisung ja rechtzeitig eingelöst werde.

Mit Mac Intosh,[1]) dem Leiter der National African Com-

---

[1]) Herr Mac Intosh wird von Flegel auch sonst öfter erwähnt, so in dem leider nicht ausgeführten Artikel „der Union Jack auf dem Niger-Benue", wo es aphoristisch heisst: „Mac Intoshs Steamlaunch, Matteucci und Massari, nun auch mir gleiche Liebenswürdigkeit; das Festessen; die rastlose Thätigkeit des Leiters der Co., springt ins Wasser, um das Schiffchen vom Sande abzubringen und verlässt uns beim Essen, um dem Steuermann den Weg zu zeigen, damit ein Schiff rechtzeitig expediert werde; beste Versorgung sämtlicher Faktoreien mit dem Nötigen; seine

pany, stand ich lange in sehr guter freundschaftlicher Beziehung.
Er beabsichtigte, den Benue zum Zweck der Ausbreitung des
Handels hinaufzufahren und namentlich, um den Franzosen
zuvorzukommen. Es herrscht hier eine unangenehm berührende
Eifersucht, die sich zu nationalem Hass ausbildet, zwischen den
französischen und englischen Kompanien. Schon vor 2 Jahren
trug mir Mac Intosh an, ihn zu begleiten. Dieses Mal forderte
er mich auf, Leiter einer Benueexpedition zu werden, was ich
indes ausschlagen musste, weil ich mich im Dienste der afrikanischen Gesellschaft betrachte und nicht dem Auslande dienen
möchte, am wenigsten den hochmütigen Engländern. Ich ver-
sprach ihm, ihn unter gewissen Bedingungen als Gast der
Direktoren der Kompanie zu begleiten. Diese Bedingungen
wurden seinerseits nicht erfüllt. Ich begleitete die Expedition
dennoch, gute Miene machend, weil auch für mein Unternehmen
Vorteil dabei war.

Unterwegs kam es aber zu Missverständnissen, zu denen
einer meiner Leute durch infame Lüge am meisten beitrug,
und da ich von dem jüngeren Bruder des Mac Intosh frech
angegriffen wurde, so teilte ich Ohrfeigen aus und trug schliesslich auch ein blaues Auge davon. Wie Mac Intosh diesen
Zwischenfall beurteilen wird, kann ich nicht wissen.

Ich habe inzwischen einen „zweiten Brief an die Freunde
deutscher Afrikaforschung", der in Kopie beifolgt, einen Brief
an G. A. Krause in Mailand und anderes mehr vom Stapel
gelassen. Wie gefällt Dir meine Eingabe an den Reichskanzler
Fürsten Bismarck?

Wenn diese Reise glücklich durchgeführt ist, komme ich
jedenfalls heim, um zunächst mit Dir zu leben und ein wenig
Ruhe zu pflegen. Bis dahin behalte lieb

Deinen Dich liebenden Bruder

Ed. Robert Flegel.

Strenge und Gerechtigkeit, Liberalität, Noblesse, Höflichkeit und dennoch
die Engherzigkeit und das eifersüchtige Wachen, den Handel ganz allein
zu beherrschen, und sein stetiges Streben nach dem Monopol."

Zweiter Brief

an die Freunde deutscher Afrikaforschung, kolonialer Bestrebungen und der Ausbreitung des deutschen Handels.

———

Ich fühle das Bedürfnis, mit dem deutschen Volk in engere, bestimmte Verbindung zu treten, da meine Interessen in der Förderung der Wohlfahrt desselben gipfeln und diese Interessen nur gedeihen können bei kräftiger, opferwilliger Unterstützung von Seiten der Nation und der Regierung.

Meine Mission fasse ich mit Vorliebe so auf, dass ich mich als einen Abgesandten der Nation, einen Diener des Reiches betrachte, und mit Ausnahme der Unterstützung, die ich vom Kuratorium der Karl Ritter-Stiftung erhalten, — worauf ich freilich besonders stolz bin, — kommt diese in der That auch vom deutschen Volke durch dessen Geschäftsträger, die Regierung. Daher fühle ich mich verpflichtet, seinen Bedürfnissen Rechnung zu tragen und stets aufmerksam zu sein auf den praktischen Wert der von mir bereisten Gebiete für Handel, Plantagenbau, Kolonisation und alle sonstigen Interessen meiner Landsleute, selbst die Wahl der zu bereisenden Gebiete eben so sehr von diesen abhängig zu machen, als von wissenschaftlichen Rücksichten. — Es ist das, glaube ich, die Pflicht jedes eigentlichen Forschungsreisenden, d. h. eines Reisenden, der nicht ausschliesslich im Dienste einer Spezialwissenschaft hinauszieht, und doppelt ist es seine Pflicht in der Gegenwart und als Deutscher.

Mehr als irgend eine andere Nation sind wir Deutsche auf die praktische Ausnützung von Naturländern als einem Bedürfnisse hingewiesen, soll unser erst kürzlich wieder begonnener Lebenslauf in aufsteigender Linie nicht bald ein Ende nehmen. Der Verkehr der Naturländer mit den Kulturländern ist ein wechselseitig höchst nutzbringender. — Deutschland kann nur durch Kolonisation und durch praktische Verwertung seiner überschüssigen, ebenso arbeitswilligen als arbeitsfähigen Menschenkräfte in überseeischen, d. i. bestlohnendsten Unternehmungen den Ausfall durch den alljährlich sich steigernden Bedarf an **Brot** decken, nur dadurch sich die erst kürzlich wieder errungene bedeutsame Stellung unter den europäischen Nationen erhalten und seine nationale Wohlfahrt zugleich für Jahrhunderte hinaus fest begründen. — Was auch geschehen wird und muss! Denn ich behaupte kühn, dass diese meine Überzeugung — die übrigens nichts Anderes ist, als die natürliche Ursache des Geistes der Zeit, in der ich gross geworden bin — in den werdenden Generationen Deutschlands — als Ursache derselben Wirkung — schlummert, mit diesen wachsen und zur Thatsache werden wird. — Mancher deutsche Mann ist für diese Überzeugung Jungdeutschlands kräftigst eingetreten. Ich will nur Wenige hervorheben, deren mahnende Worte gewiss noch in Vieler Herzen nachhallen: einen Fabri, von Weber, Rohlfs und vor Allen Hübbe-Schleiden, der in seinen herrlichen Motiven für eine überseeische Politik Deutschlands das für die gegenwärtigen sozialen Bedürfnisse unseres Vaterlandes geleistet hat, was der grosse Reformator in den 95 Wittenberger Thesen für die religiösen seiner Zeit. — Nie bin ich seit meinem achtjährigen Aufenthalte in Afrika durch eine Nachricht aus der Heimat so mächtig ergriffen worden, als bei Lesung dieser Motive in der „Kölnischen Zeitung“. Ich glaube, dass sie nicht vergeblich geschrieben sind und „überseeische Politik“ die Losung bleiben wird der werdenden Geschlechter in Deutschland.[1])

Es geht aber vielen dieser wahrhaft grossen Männer, die mit dem Vorgefühl des Kommenden und mit überlegener Geisteskraft eingreifen in das Rad der Zeit, wie Orest, der

---

[1]) Es ist schmerzlich zu bemerken, dass ein solcher Mann, auf dessen Arbeiten sich in der Hauptsache unsere heutige Politik stützt, fern der grossen Bewegung, die er durch seine umfassenden Studien und Schriften mit in die rechte Bahn der „privaten Initiative“ lenken half, vom Rad der rollenden Zeit — durch einen dummen Zufall vielleicht — bei Seite gedrängt, zürnend feiert. —

als Knabe von grossen Thaten geträumt, weil sie ihm in der Überlieferung als abgeschlossenes Ganzes geboten wurden — und später erkennt, dass sie aus eitel Stückwerk, unterbrochen von Not und Enttäuschungen, bestehen. — Doch schmälert das die Bedeutung einer wahrhaft grossen That? — Unsere Alten sagten: „Gut Ding will Weile haben," was man in unsrer raschlebigen Zeit nicht mehr gelten lassen will. — Den ernsten Mahnungen dieser Männer wird Gehör gegeben werden im Volke sowohl als bei der Regierung, die, gebildet aus den Geistesheroen unsres Volkes, den Nutzen, den eine gesunde überseeische Politik für unser gesamtes Vaterland haben würde, wohl zu beurteilen weiss. — Wir werden bald, wenn auch nicht gleich Früchte, so doch Blüten, d. i. manche deutsch-überseeische Unternehmung ins Leben treten sehen; denn jene Mahnungen sind der Ausdruck eines langgefühlten Bedürfnisses unsrer Nation, welches sehr mit R e c h t gleich nach unsrer politischen Einigung mächtig hervortrat, da seine Befriedigung unfraglich die nächstwichtigste Stellung nach dieser für uns einnimmt.

Wie verhält sich nun aber das deutsche Publikum zu den Bestrebungen dieser Männer, das nationale Bedürfnis der Ausbreitung unsers Volkes durch Kolonisation, der Verwertung unsrer überschüssigen Arbeitskraft in überseeischen Gebieten und der dadurch bedingten Schöpfung einer behaglicheren, lohnenderen Existenz für viele Tausende, mit der Zeit Millionen Deutscher zu fördern und in die rechten Bahnen zu leiten? Ich kann aus eigner Erfahrung nicht wohl sprechen, da ich seit acht Jahren, mit nur kurzer Unterbrechung, in Afrika lebe. Nach dem aber, was mir brieflich über diesen Punkt — t e i l s v o n h o c h b e r ü h m t e n d e u t s c h e n M ä n n e r n, die dieser Agitation selbst nahestehen — mitgeteilt wurde, ist das deutsche Publikum n i c h t g a n z so lebhaft für diese Bestrebungen interessiert, als es im Hinblick auf die Bedeutung derselben wohl wünschenswert wäre. — Ich habe die Absicht, hier einige bezügliche Stellen aus der erwähnten Korrespondenz zu bringen, mit der Bedingung, die Namen der Autoren ungenannt lassen zu dürfen, und zwar in der guten **Absicht,** dem deutschen Publikum Gelegenheit zu geben, die nicht gerade immer schmeichelhaften Ansichten dieser, wie ich schon betonte, teils zu den **hervorragendsten gehörenden** Männer durch Thaten zu berichtigen und sie aus zürnenden Achills in eifrige Mitkämpfer für die gute Sache zu bekehren, zu jedenfalls, wie ich voraussetzen darf, allseitiger Befriedigung und zum grössten Vorteile unsrer Bestrebungen für des Vaterlandes Ruhm und Nutzen.

Wenige bezügliche Stellen aus jenen Briefen:

in den Jahren 1881, 1882 und Anfang 1883.	Anmerkungen des Empfängers.
„Nichts als Worte und schöne „Redensarten hat man bei uns, höch-„stens noch Gründung eines Kolo-„nialblättchens." —	? ?
„Wir sind zufrieden mit einer jour-„nalistischen Agitation, die machtlos „verhallt und nachgerade schon lang-„weilig wird." —	? ?
„Alle meine Versuche, die X heimer „für Kolonialpolitik zu begeistern, sind „gescheitert."	Durch oftmals wiederholte Streiche etc.
„Die X heimer Kaufleute wissen „das Alles besser und Nationalitäts-„gefühl geht ihnen ab."	Sollten wirklich Alle moralisch unerreichbar sein??
„Wir haben es uns Zeit und Geld „kosten lassen, die X heimer für West-„afrika zu begeistern, dann auch ver-„sucht, in Y Propaganda zu machen, „alles vergeblich . . ."	Schiessen Sie noch einen Pfeil in derselben Richtung ab, vielleicht finden Sie alle wieder.
„Aus dem Volke heraus machen „wir so etwas nicht und die Regie-„rung will nicht."	? ? ?

„Ich habe mein möglichstes ver-
„sucht mit Ihren (Schreibers dieses
„Briefleins) Vorschlägen hier durch-
„zudringen, es lässt sich nichts er-
„reichen. — Ja, wenn Sie selbst mit
„Erfolg gekrönt heimkehren, dann
„vielleicht!"

und wenn ich den Anstrengungen erliegen sollte, wie so viele
bessere Männer vor mir!?

Dann gehen Sie auch des Festessens
verlustig, das man gewöhnlich in
dankbarer Anerkennung den glücklich heimkehrenden Afrikareisenden
vorsetzt, ehe . . . .

Ich will den Gedanken nicht vollenden, weil ich zur stolzen
Germania in einem ähnlichen Verhältnisse stehe, wie Don
Cesar zur Donna Diana, und gebiete daher meinem innern
Perin Schweigen mit denselben Worten:

„Ich kann Dich so nicht sprechen hören,
In ihrer Grausamkeit muss ich sie doch verehren."

Mag uns die Heimat immerhin kein weiches Bett bereiten,
es ist besser, nach redlicher Pflichterfüllung darin auszuruhen,
als auf den Polstern, die der Eigennutz der Ausländer uns
unterbreitet, so lange sie unserer Kräfte bedürfen. —

Ich hoffe, dass sich unter den Adressaten dieser meiner
Briefe Männer finden werden, die für die Interessen Deutschlands in Westafrika Opfer zu bringen willig sind;
denn grosse Ziele sind ohne diese nicht zu erreichen.
Wenn nur erst ein Anfang mit der That gemacht wird, sie
wird bald andere nach sich ziehen und uns zu schönen Erfolgen führen. —

Durch die westafrikanischen Lokalblättchen geht die Nachricht, dass der Kolonialverein in Frankfurt die Insel Fernando-
Po käuflich zu erwerben suche. — Warum sollte das nicht
auch Thatsache sein!? Zählt doch dieser Verein Fürsten

und Ritter von Gottes Gnaden sowohl als solche von Gnaden des heiligen Geistes und Geldfürsten zu seinen Mitgliedern, da darf man also mit Recht ein ebenso entschiedenes als weises und den Kostenpunkt weniger in Frage ziehendes Unternehmen erwarten, als die praktische Bedeutung desselben. —

Es ist unfraglich, dass der Handel in und mit Naturländern — der Tauschhandel, wie er auch in Westafrika betrieben wird — ein weit lohnenderer ist, als der in und mit Kulturländern. Der deutsche Exporthandel hat sich seither mit letzterem befasst. — Nun, da wir in den Kulturländern durch die allgemein errichteten Zollschranken immer mehr beengt und auf uns selbst angewiesen werden, ist es von höchster Wichtigkeit, sich grösstmögliche, überseeische Absatzgebiete zu sichern für die heimischen Erzeugnisse. Der westafrikanische Handel ist für Deutschland namentlich von höchster Wichtigkeit, nicht nur weil die Gebiete am Guineabusen uns geographisch sehr günstig gelegen sind und wir schon bedeutendes Kapital daselbst engagiert haben, sondern vor Allem, weil die Importartikel zum grossen Teil deutsche sind oder eben so gut sein könnten und auch die Exportgegenstände, (bis jetzt) die Hauptprodukte Westafrikas, vornehmlich in Deutschland verarbeitet werden.

Zu ersteren gehören:

Salz, Genèvre in Kisten und Korbflaschen (Demijohns), Perlen, Spiegel, Messer, Steingutwaaren, Glaswaaren, Wollenwaaren, Flanelle, Tuche, Eisen, Messing und Kupfer in Stangen, Gewehre, Pulver, Achatperlen. — Baumwollenzeuge könnte Mülhausen im Elsass eben so gut liefern, wenn daselbst mehr auf die Bedürfnisse (geringe Qualität zu möglichst billigen Preisen) der Westküste Rücksicht genommen würde.

Zu letzteren gehören:

Palmöl, Palmkerne, Sheabutter, Elfenbein in erster Linie. — Die letzten Jahre, durch die französische Konkurrenz be-

dingt, haben grossartige Veränderungen hier im Handel her-
vorgebracht.

Es würde also von praktischer Bedeutung sein:

1. Die gehörige Entwicklung des deutschen Handels
   mit der Westküste von Afrika zu befördern;

2. dessen Ausbreitung nach dem reichen, gesünderen
   Innern des westlichen Sudan zu beschleunigen;

3. den Export, vornehmlich deutscher Industrie-Erzeug-
   nisse, nach Westafrika zu heben, und diese, wie
   die Landesprodukte, direkt, möglichst auf eigenen
   Schiffen [1]) unter Vermeidung aller Zwischenspesen
   zu versenden und zu beziehen.

Eine Hauptbedingung für die Entwicklung des deutschen
Handels wäre die Förderung der Produktionskraft des Landes.
Dieselbe könnte sehr bald bei einiger Energie und Umsicht
der leitenden Agenten — von deren Lokalkenntnis und persönlicher Tüchtigkeit freilich der ganze Erfolg in der Hauptsache abhängen würde — einen noch grösseren jährlichen
Fortschritt erfahren, als das hier während der letzten vier
Jahre der Fall gewesen. — Die Ex- und Importwerte haben
sich verdreifacht in dieser Zeit.

Das Niger-Benue-Gebiet liefert und kann liefern:

1. Gewürze als: schwarzen und roten Pfeffer, Cubeben,
   Ingwer, Curree etc.;

2. Droguen, höchst wertvolle und zahlreiche, als
   Quinine, Sassaparilla, etc.;

3. Farbstoffe, höchst wertvolle und zahlreiche, als
   Orseille, Indigo etc.

4. Hölzer, höchst wertvolle und zahlreiche, als Ebenholz aus Ibo, Hölzer für die Holzschneidekunst
   zum Herstellen von Bilderplatten etc.;

5. Faserstoffe, sehr zahlreiche, vegetabilische und ani-

---

[1]) Das Haus C. Woermann in Hamburg hat damit schon den Anfang
gemacht, und bezeichnet dieses Vorgehen den Anfang eines bedeutsamen
Aufschwunges des deutschen Handels an der Westküste von Afrika nach
meiner Überzeugung.

malische (eine Art Seide, wovon ich Proben ein-
schickte) etc.;

6. Harze: Gumkopal, Harz zur Bereitung von Vogelleim etc.;

7. Öle, vegetabilische Fette, sehr zahlreich, Palm, Ri-
zinus, Nuss (Palmkernöl), Erdnuss, Kokosnuss
(Kopra), Sheabutter etc. etc.;

8. Nährstoffe: Reis, Mais, Guineakorn, Jams;

9. Verschiedenes: Baumwolle, Tabak, Kaffee, Kakao,
Kautschuk (wovon ich Proben sandte), Wein wächst
wild am unteren Niger, vegetabilisches Elfenbein etc.

10. aus dem Tierreiche: Felle, Häute, Wachs, Honig,
Horn etc.

11. aus dem Mineralreiche: Salze, Thone (sehr feine),
Kupfer, Zinn, Blei, Antimon, Eisen, Gold im Westen.

Auch Kohle wird sich finden, wenn nur mit Verständnis
darnach geforscht wird, wenigstens sollte ich meinen, lohnte
das sehr der Mühe.

Zur Durchführung aller dieser, reichen Erfolg versprechenden Vorschläge — einschliesslich mindestens eben so vieler
wissenschaftlicher Erfolge auf vielen Spezialgebieten — bedarf
es in erster Linie, als Grundbedingung für die Möglichkeit der Durchführung überhaupt, eines kleinen
Dampfers, mit Hilfe dessen:

1. Die grosse Victoria-Lagune und alle ihre Arme und
Verbindungen namentlich mit der Hauptwasserader,
dem Niger, exploriert werden müssten. Vor Allem
würde ein guter Binnenlandswasserweg von Lagos
— der Lagunenstadt Westafrikas, wo jetzt der
deutsche Handel prädominiert — nach dem Niger
und die hypothetische Verbindung zwischen Benue
und Logone (Fluss von Bagirmi) nachzuweisen, von
hoher Bedeutung sein;

2. die an verschiedenen Plätzen im Niger-Benue-Gebiete
temporär zum Studium desselben zu stationierenden

Spezialgelehrten[1]) (Chemiker, Botaniker, Geologen
u. s. w.), regelmässig mit Proviant und allen sonstigen Bedürfnissen versorgt, ihre Sammlungen, Brief-
schaften etc. nach der Küste zur Verschiffung, sowie
sie selbst, ihre Apparate etc. nach Bedürfnis von
Ort zu Ort gebracht werden könnten. ·

In derselben Weise könnten dann auch junge tüchtige
Männer sich selbst heranbilden für das afrikanische Geschäft.
— Mittelst eines guten Dampfbootes für deutsch-wissenschaft-
liche sowohl als kommerzielle Interessen würde die beste und
einzige Gelegenheit geboten, die nötigen Lokalkenntnisse zu
erwerben, auch Proben zu sammeln, sowohl von den Landesprodukten, als von europäischen Industrie-Erzeugnissen, auch
unser handelsgeographisches Museum in Berlin zu bereichern
und hauptsächlich so den Wert des Niger-Benue-Gebietes gründlich zu studieren, wonach jeder Kaufmann daheim seine Kal-
kulation leicht und sicher zu machen imstande sein würde.

Zu solchen Zwecken wünsche ich die Vereinigung der
Vertreter des westafrikanischen Handels und der Industriellen,
die ihre Erzeugnisse hierher absetzen oder abzusetzen wünschen,
der Wissenschaft und der Vertreter kolonisatorischer Ideen.
— Wenigstens würde das Bewusstsein, zu solcher Vereinigung
etwas beigetragen zu haben, eine hohe Genugthuung für
mich sein.

Es giebt philosophische Aussprüche, die wie Grundsätze
der Mathematik unumstösslich sind. — In bezug auf meine
Vorschläge möchte ich daran erinnern, dass der Satz: ,,Einig-
keit macht stark" eine gleichwertige Wahrheit enthält, wie
$2 \times 2 = 4$. Freilich sind nicht alle Wahrheiten so leicht für
Jedermann zu begreifen, sie verlangen vielmehr zumeist Ver-
trautheit mit besonderen Verhältnissen, sie verlangen ihren
Mann und ihre Zeit. — Seit Stanley den Kongolauf festge-

---

[1]) Sobald ich ein Schiff zur Verfügung habe, und für einige Bequem-
lichkeit zu sorgen im Stande bin, würde ich einen öffentlichen Aufruf ergehen lassen, und bin sicher, brauchbare Kräfte für alle Spezialarbeiten
ohne besondere Unkosten zu finden.

stellt, glauben wir in Afrika ein neues Indien zu sehen. Die
Entdeckung der Nigermündung durch die Gebrüder
Lander war in mancher Hinsicht eine ähnliche That
und fand ähnlich begeisterte Aufnahme und Unternehmungslust.[1]) — Heinrich Barth's Entdeckung des Benuestromes gab jener dann die grössere Bedeutung; doch be-
schäftigten andere Dinge die Welt zur Zeit, und seinen Errungenschaften wurde nur von Wenigen rechtes Verständnis
entgegengebracht. Dr. Petermann prophezeihte eine
neue Aera für den so lange verschlossen gewesenen
Kontinent, und man darf überzeugt sein, in der nächsten Zukunft noch bewiesen zu sehen, dass an praktischer Bedeutung die Barth'sche Entdeckung des
Benuestromes der Stanley'schen Grossthat stets würdig
zur Seite stehen wird.

Die Frucht war damals noch nicht reif, heute aber ist sie
es und will gepflückt sein. Beweisen wir denn den Manen
des grossen deutschen Forschers, was wir versäumten, dem
Lebenden zu bezeigen. — Verständnis und Würdigung seines
edlen Strebens, seiner hohen Errungenschaften durch die That.
— Bauen wir ihm ein Fahrzeug, das seinen Namen trägt,
mit der Bestimmung, seine Hoffnungen zu verwirklichen; ein
Fahrzeug der „modernen Zivilisation", wie es sein geistiges
Auge damals (Juni 1851) den Benue heraufkommen sah und
möchten diesem zahlreiche andere folgen mit den „Alles über-
windenden Kräften des Nordens", mit rüstigen Deutschen,
Söhnen königlicher Kaufleute der alten Welthandelsstädte Hamburg und Bremen, die nichts schreckt, wenn es gilt, die Herr-
lichkeiten und Schätze der weiten Welt zusammen zu tragen
zu Nutz und Frommen ihrer Landsleute, zur Erhöhung der
Freuden, zur Linderung der Leiden der Menschheit, zur Mehrung
des Reichtums, des Ruhmes und der Pracht der stolzen Hansa.

Abutschi am Niger, 18. August 1883.

Ed. Robert Flegel.

---

[1]) Die Expedition der Schiffe „Wilberforce", „Albert" und „Sudan"
1841.

27. Brief.

Bagnio, den 25. April 1884.

Mein lieber Bruder!

Herr Professor Ratzel in München, Redakteur des „Ausland", wünscht meine Biographie mit Bild zu veröffentlichen. Ich habe keine Lust zu solcher Arbeit. Vielleicht, wenn ich graue Haare habe, freut es mich zurückzuschauen, jetzt nicht.

Willst Du die Güte haben, eine kurze Lebensskizze[1]) abzufassen in der mir an Dir bekannten knappen, schlichten Form? Gieb Thatsachen und erinnere Dich jener vier Sonette, die ich aus Palma an meinen Freund E. S. in London richtete. Den Ausdruck der so schön in Erfüllung gegangenen Sehnsucht, auch mein Scherflein zur Kenntnis von Gottes herrlicher Erde beitragen zu dürfen, möchte ich den Freunden, die ich mir durch mein Streben erworben, nicht vorenthalten.

Es geht mir gut. Habe noch ein wenig Geduld und, so Gott will, sehen wir uns bald wieder. Ein Millionär, Deutscher[2]), ist willens, mich auszurüsten für Ziele ganz in meinem Sinn. Doch habe ich für's erste noch nicht zusagen können, weil ich der Afrikanischen Gesellschaft gegenüber verpflichtet bin, die mir jetzt eine bedeutendere Summe zur Verfügung gestellt hat.

Dein Dich liebender Bruder

Eduard.

28. Brief.

An Bord der „Bonny", den 30. September 1880.

Mein lieber Karl!

Wenn Du diese Zeilen erhältst, bin ich, so Gott will, in Deutschland, um durch die Berührung mit dem Heimatboden stark zu werden.

---

[1]) Diese Lebensskizze ist im August 1884 im „Ausland" erschienen.

[2]) Es war dies Dr. Emil Riebeck in Halle, nachdem Professor Kirchhoff in Halle ihn auf die Bedeutung Flegels besonders aufmerksam gemacht hatte.

Mein letztes Unternehmen ist nicht zum Abschluss gekommen; ich musste zurück teils andauernder Krankheit wegen,
hauptsächlich aber, weil der König von Tibati mir den Durchzug durch sein Land untersagte und zu gleicher Zeit mich
wichtige Brief nach der Heimat riefen.

Meinen alten Freund und Reisegefährten Madugu Mai-
Gassin-Baki habe ich mitgenommen, dazu noch einen zweiten
Haussaneger, die jetzt neben mir sitzen und deutsch lernen.

Deinen eingeschriebenen Brief vom 12. November 1883
habe ich nicht erhalten, lass sofort bei der Post strengstens
nach demselben forschen, da an der Küste Dinge vorkommen,
die gestraft zu werden verdienen.

Meine Arbeit fortzusetzen, sind mir schöne Anerbietungen
gemacht. Ja, Bruder, Millionäre wollen mich ausrüsten, ohne
dass ich auch nur eine goldene Medaille erhalten; dennoch,
wer weiss, wie sich noch alles wendet.

Sobald ich irgend kann, besuche ich Dich. Vielleicht
komme ich auch, um bei Dir zu wohnen, obwohl die Pflicht
wahrscheinlich fordern wird, dass ich zurückkehre. . Empfange
noch den dritten meiner Briefe an die Freunde Deutscher
Afrikaforschung etc. und lebe wohl!

Dein Eduard.

Dritter Brief

an die Freunde deutscher Afrika-Forschung, kolonialer Bestrebungen und der Ausbreitung des deutschen Handels.

Inhalt: 1. Von der Bedeutung wissenschaftlicher Stationsbeobachtungen.
2. Über das Wo, Was und Wie meiner praktischen Ziele.

Der Tag ist nicht mehr fern, an welchem es eine Unmöglichkeit geworden sein wird, einen der Kontinente auf völlig
neuen unbetretenen Pfaden zu kreuzen, die zur Lösung
wichtiger geographischer Probleme führen, denn wir
leben wieder in einem grossen Entdeckungszeitalter, das kaum
seinen Höhenpunkt erreicht haben dürfte, nach der Zahl der

im Felde stehenden Forscher, dem Eifer derselben und den täglich neu zur Fahne strömenden Freiwilligen zu urteilen, deren Schicksalen und Thaten das regste Interesse der ganzen gebildeten Welt mehr denn je gehört.

Diese gesunde und erfreuliche Zeitströmung überflutet nicht nur befruchtend alle Wissenschaften mit einer Fülle neuer Erfahrungen, sondern scheint auch namentlich bei uns — in Deutschland — bestimmt, sozialen Notständen abzuhelfen, und verspricht uns eine neue, vielverheissende Aera in unserer nationalen Weltstellung zu eröffnen.

Die gegenwärtige Generation ist zu der Hoffnung berechtigt die allgemeine Kenntnis der Kontinente in ihren wichtigsten Grundzügen abgeschlossen dem kommenden Jahrhundert als wertvolles Vermächtnis überliefern zu können und damit den Grund gelegt zu haben zur wissenschaftlichen Forschung der nächsten Zukunft: der Methode der Stationsbeobachtungen, durch die allein uns unbekannte Erdstrecken in Wahrheit erschlossen werden, d. h. zugänglich werden für jede Art zivilisatorischer Thätigkeit, welche die ihr innewohnende, wohlthätig rückwirkende Kraft auf Einzelne sowohl als auf ganze Völker noch nie verleugnet hat.

Ohne die Bedeutung der Grossthaten eines Rohlfs, Cameroon, Stanley, Serpa Pinto, Wissmann etc. zu verkennen oder in Geringsten schmälern zu wollen, kann man mit Recht behaupten, dass ein solches Durcheilen weiter Strecken unbekannter Erdräume den gegenwärtig an die wissenschaftlichen Resultate gestellten Anforderungen nicht Genüge zu thun vermag, man darf ferner behaupten, dass, diese Anforderungen zum Massstabe genommen, manches in dieser Weise schon erforschte Gebiet wieder erforscht werden muss, um es der Wissenschaft, als nur in seinen Grundzügen bekannt, zu sichern. Das Vorstehende ist nichts weniger als ein Vorwurf für jene Helden, die durch die Anregung, welche ihre Grossthaten auf alle Gemüter ausübten, schon allein der Wissenschaft die dankenswertesten Dienste leisten, sondern es liegt in der Natur der Sache, ihren jedes Einzelnen Vermögen weit übersteigenden Schwierigkeiten begründet. Hat Stanley auch wissenschaftlich sehr unzuverlässige Beobachtungen mitgebracht, so haben doch die bewunderungswürdigen Erfolge seines gewaltigen Unternehmens den Bestrebungen unsrer Zeit eine ihrer Hauptrichtungen gegeben.

Diese Thatsachen weisen die leitenden Kreise, die Vorstände der geographischen Gesellschaften sowohl, als der Kolonialvereine, von selbst auf die passendste Methode zur Erforschung unbekannter Erdteile hin, auf Stationsbeobachtungen und auf planmässiges, schrittweises, auf neue Stationen gestütztes Vorschreiten in jene Gebiete hinein, die noch der Entschleierung harren.

Nicht nur, dass auf diese Weise die Kenntnis des betreffenden Gebietes nach jeder beliebigen Richtung hin durch geringe Mehrausgaben — nachdem einmal die Ausgaben für die Stationen gemacht sind — gefördert werden kann, die Wissenschaft wird auch von solchen Stationen in der Regel das wertvollste, d. h. vollständig Vertrauen verdienendes, Material zur Verarbeitung erhalten. — Der Einzelreisende, der überhaupt nur nach einigen wenigen Richtungen hin wird thätig sein können, ist bei schnellem Durchzuge durch ein Land fortwährenden Irrtümern ausgesetzt. Das hat mich die tägliche Erfahrung gelehrt.

Mein Dolmetscher auf der Sokotoreise sagte mir: „Kai kamar makaho, tafia wanan ba naka ne ba, nawa", d. h.: „Du bist wie ein Blinder, diese Reise (der Ruhm derselben) ist nicht die Deine, sie ist die meine." So unverschämt das klingt, so wahr ist es. — Der Reisende sieht und hört tausend Dinge nicht, die täglich um ihn her geübt werden, tausend anderen legt er verkehrte Bedeutung bei. — Erst bei längerem Verweilen im Lande wird der Staar gehoben und er lernt die fremde Welt um sich her verstehen, die Dinge sehen, wie sie sind. Er lernt die Landessprache und wird damit in des Wortes (Karl V.) ganzer Bedeutung ein neuer Mensch.

Verkehrte Anschauungen, die Reisende — bei strengster

Kritik gegen sich selbst — dennoch so häufig mitbringen, sind dann mehr s c h ä d l i c h als nützlich, denn

1. sie setzen, wenn sie rein wissenschaftliche Dinge betreffen, den Gelehrten, welcher sie zu bearbeiten beabsichtigt, häufig in die grösste Verlegenheit und schädigen die Erkenntnis der Wahrheit überhaupt;

2. sie erzeugen, wenn sie auf praktische Dinge Bezug haben, bei dem unternehmungslustigen Kaufmanne etc., der sie für seine Zwecke auszunutzen beabsichtigt, einen Widerwillen, mindestens eine Abneigung, selbst Verachtung gegen alle ähnlichen Berichte, der diesen aus einem thatsächlichen Freunde der Wissenschaft in das Gegenteil verkehrt und ihn Herz und Kasette verschliessen lässt gegen die Applikationen an letztere für Unternehmungen, welche keine besseren Resultate liefern.

Wo ein Land durch Residenten in demselben wissenschaftlich gründlich nach allen Richtungen hin durchforscht wird, da zeigen sich auch sehr bald dessen Vorzüge und Nachteile für Ackerbau, Plantagenbau in den Tropen, Handel und andere rein praktische, d. h. auf Gelderwerb gerichtete Unternehmungen. Was hindert — eine S t a t i o n vorausgesetzt — denn aber auch den Kaufmann selbst sich über den realen Wert eines engeren Gebietes für seine Zwecke genau zu informieren oder durch einen kaufmännisch geschulten Vertrauensmann orientieren zu lassen, falls Berichte von Männern der Wissenschaft dasselbe günstig für Handelsunternehmungen schildern. Die Unkosten der Reise, die Mühen derselben und die Gefahren etc., alle werden nicht mehr von Bedeutung sein. — Ein Gleiches gilt von jeder Spezialwissenschaft, für die es von Wert ist, in einem von Beobachtungsstationen besetzten Gebiete sich weitere Erkenntnis zu sammeln. Ein Gleiches gilt von den friedlichen Eroberungsbestrebungen unserer Nation in fremden Erdteilen, die auf einem natürlichen — lange durch ungünstige Verhältnisse zurückgedrängten — Bedürfnisse beruhen, was unserer Regierung es nahe legt, geeignet

scheinende Gebiete durch Beobachtungsstationen
systematisch erforschen zu lassen.

Wir sind gegenwärtig zu der Überzeugung vorgeschritten,
dass weder die exakte Wissenschaft, noch die Praxis, noch auch
die Kolonialpolitik aus jenen Unternehmungen Einzelreisender,
welche die Welt mit Bewunderung erfüllen — und bei welchen
es diesen gelingt einen Kontinent zu kreuzen oder gewaltige
seither unbekannte Ländermassen zu durchziehen — einen zu
den meist sehr grossen Kosten irgend im Verhältnis stehenden
Nutzen erzielen, wenn nicht die Spezialerforschung — durch
Beobachtungsstationen am besten gefördert — ihnen auf dem
Fusse folgt, wenn nicht Kolonialvereine sich willig bezeugen,
ihre Expeditionen hinaus zu senden und das Gebiet auf seinen
Wert durch Vertrauensleute kennen zu lernen. Wo das geschieht, wo die Spezialforschung jenen kühnen Pfadfindern
ohne Säumnis folgt, da wird der Wert ihrer That stets ein
bedeutender sein, ja sich in den Augen der Mit- und Nachwelt
immer mehr erhöhen und gewürdigt werden als die not-
wendige Grundlage für die Resultate der Spezialforschung,
deren Früchte sie mitreifen sieht, vielleicht mitgeniesst.

Da ein solches in jeder Beziehung zeitgemässes Vorgehen
von Seiten der geographischen Gesellschaften Deutschlands im
Verhältnis zur früheren Methode der Forschung ganz bedeutende
Mehrausgaben erfordern würde, sollte es in für die Ausbreitung
des deutschen Handels etc. nutzbringender Weise unternommen
und fortgeführt werden, so würde das nicht nur die Vereinigung
sämtlicher geographischen Gesellschaften Deutschlands in erster
Linie notwendig machen, sondern auch die kräftigste Unterstützung dieser seitens der Nation und der Regierung erfordern.

Die deutsche Regierung wird sicher nicht ermangeln, einem
Institute (die vereinigten geographischen Gesellschaften Deutschlands), das wie kaum ein anderes die Hebung des Wohlstandes
und Nationalruhmes zu fördern vermag, die grösstmöglichste
moralische wie auch pekuniäre Unterstützung zu teil werden zu
lassen, wenn sie nur sieht, dass die Bedeutung desselben von

der Nation begriffen ist und ihm — namentlich in den leitenden Kreisen der deutschen Kaufmannschaft und bei den Industriellen — eine thatkräftige Unterstützung zu teil wird; denn
der Regierung allein kann man die ganze Kostenlast für derartige grössere Unternehmungen nicht zumuten. Diese muss
zum grössten Teil durch freiwillige Zeichnungen patriotisch ge-
sinnter, zur Förderung des Allgemeinwohls gern ein persönliches Opfer bringender Männer beschafft werden. — Dass auch
Deutschland solche Männer besitzt — namentlich seit uns durch
Begründung des Reiches das nationale Ehrgefühl gestärkt und
selbst nationaler Ehrgeiz erwacht ist —, daran wird heute
niemand mehr zweifeln, und sind mir sogar persönlich davon
schöne Beweise geworden. Aber es genügt nicht, dass hier
und da ein hochherziger Mann bedeutende Mittel, ja selbst
neben diesen auch noch seine ganze persönliche Thatkraft ein-
setzt, um bestimmte Pläne durchzuführen, — er muss dazu
auch noch so viel Selbstverleugnung besitzen, seinen Namen
aufgehen zu lassen in dem einer grösseren Gesellschaft (der
vereinigten geographischen Gesellschaften Deutschlands), damit
die deutschen Kräfte nicht zersplittert verschiedenen divergieren-
den Zielen zustreben, mehr Geld und Kräfte verbrauchen, als
deren Resultate es wert sind. Nur bei einem gemeinschaft-
lichen Vorgehen, bei einheitlicher Leitung und mit den bedeutendsten Mitteln können grosse Ziele, wie wir sie hier im Auge
haben, von Erfolgen von bleibendem Werte begleitet sein.

Wie beim Ackerbau nur in der Grosswirtschaft bedeutende,
das Land reich machende Überschüsse erzielt werden können,
während die Kleinwirtschaft gewöhnlich das verbraucht, was sie
erntet und in schlechten Jahren selbst oft Mangel leiden muss,
so würde sich hier eine gemeinsame grosse, von den ersten
Männern der Nation geleitete Unternehmung verhalten zu zahlreichen kleinen Privatunternehmungen.

Ein solches grosses Unternehmen ins Leben zu rufen,
scheint der rechte Zeitpunkt gekommen. — Namentlich in
Deutschland ist man sich der Vorteile wohl bewusst, die ein
gemeinsames Vorgehen auf wissenschaftlichem sowohl, wie prak-

tischem Gebiete in sich schliesst und werde ich nicht vergeblich in dieser Beziehung appellieren.

Doch „wo"? soll damit begonnen werden, um der oben erwähnten Volksneigung, sich neue Teile der seither ganz oder grossenteils noch unbekannten Welt dienstbar zu machen, die, wenn richtig geleitet, für unser Vaterland nur zum Heil und Segen werden kann, gerecht zu werden? „Was"? soll zu diesem Zwecke geschehen und „wie"? soll dieses „Was" angegriffen und durchgeführt werden?

„Wo"?

Man richte diese Frage an unsere Forschungsreisenden und Agitatoren für ähnliche Ziele, wie die hier unterstellten, deren Zahl heute wahrlich nicht klein ist, und jeder derselben wird sich mit Eifer für die gute Sache und voll fester Überzeugung der Richtigkeit seiner Anschauung erheben und auf sein Gebiet hinweisen, jeder derselben wird mit unerschöpflichem Reichtum von unwiderlegbaren Beweisen für den ganz besonderen Wert gerade seines Gebietes ankommen, wie sie nur die Begeisterung für ein unter grossen Schwierigkeiten und opferwilliger Selbstverleugnung Jahre lang verfolgtes Unternehmen ihm zur Verfügung stellt.

Für denjenigen, der hoch über den Zinnen solcher, naturgemäss an Vorurteilen sehr reichen Privatanschauungen steht, der Hunderte gehört und gelesen und für sich kritisch verglichen hat, ist das erklärlich, ihn lassen solche meist sehr sanguinische Berichte gewöhnlich sehr kalt und der Reisende beklagt sich dann wohl über Mangel an Verständnis für seine Bestrebungen in der Heimat. Auch mir geht es sehr ähnlich und daher will ich die Antwort auf die Frage „Wo" nicht selbst geben, sondern mit Hilfe von Aussprüchen kompetenter Kreise und begründeter Nachweise.

Es ist nicht zu leugnen, dass die Westküste von Afrika für uns sehr in den Vordergrund getreten ist durch die Arbeiten der Afrikanischen Gesellschaft in Deutschland, durch Stanleys Entdeckung des schiffbaren Kongo, durch Hübbe-Schleidens hervorragende kolonial-politische Schriften etc. Sie

7*

war seit lange für uns wichtig, und wie sehr sie es heute ist, darüber wird die Fahrt der „Möwe" noch unerwartete erfreuliche Aufschlüsse geben; denn man kannte die Bedeutung des deutschen Handels an der Westküste Afrikas seither nicht, weil es geflissentlich verborgen gehalten wurde.

In Bezug auf meinen Aufruf (erster Brief) an die „Freunde deutscher Afrikaforschung etc." wird mir unter anderem aus Deutschland geschrieben, und zwar mit Angebot von Mitteln zu praktischen Unternehmungen:

„Gegenwärtig liegen die Verhältnisse des X schen Han-„dels derart, dass die Überzeugung von der Notwendig-„keit, für den Handel neue Gebiete zu erschliessen, in „unserer Kaufmannschaft, besonders den leitenden „Kreisen (in deren Auftrage der Schreiber handelt) ziem-„lich allgemein geworden ist; auch darüber ist kaum ein „Zweifel, dass diese Gebiete nur in Afrika gefunden „werden können. . . ."

Auch hiermit ist zunächst wieder an die Westküste gedacht, die für die deutsche Schifffahrt am bequemsten liegt, die die zahlreichsten und bedeutendsten Meereseinschnitte und die grössten, zahlreichsten, in jeder Beziehung bedeutendsten schiffbaren Ströme als Zugänge, natürliche Handelswege zum Innern bietet, die durch ihre politischen Zustände — die wichtigsten Strecken, z. B. die vom Niger bis zum Kongo, sind noch frei — und durch ihre schon vorhandenen Beziehungen zu Deutschland unfraglich das wichtigste Gebiet für uns ist.

Grosse Wasserstrassen sind für den Handel und seine Ausbreitung von höchster Bedeutung. Wenn man sich nun in den Streit um den Kongo (die Mündung) nicht mischen will — wie das unsere Gesellschaft in den Berichten über ihre Thätigkeit und Beschlüsse für die Zukunft auch ausgesprochen hat. — sondern nur einfach fortfährt, sich in jenen bestimmten Gebieten des Kongo, den südlichen Zuflüssen, wo die deutsche Forschung Erfolge errungen und sich das Land erschlossen hat, das Vertrauen und die Zuneigung der Landeskinder zu erwerben und sich daselbst seinen Einfluss für die Zukunft zu sichern, so bleibt noch das Gebiet des Niger-Benue mit seinen zahlreichen, grösstenteils noch unbekannten, teils hypothetischen — von höchster Bedeutung — Wasserverbindungen als freies, noch keiner europäischen Macht gehörendes Gebiet übrig, — ausserdem als Wasserstrassen zweiten und dritten Ranges: der Alt-Kalabar, Kamerun und Ogowe. Mit ersterem steht der Niger durch Lagunen in direkter Binnenlandsverbindung und der Benue empfängt mit ihm sein Wasser von demselben, im Mittel 4—5000 Fuss hohen Scheidegebirge, welches letztere, wenn überhaupt an Kolonisation im tropischen Afrika gedacht werden kann, allein sich seiner sehr gemässigten Temperatur, des reichlich vorhandenen Grossviehes, der ausgedehnten Weidegründe und des guten Bodens wegen dazu in begründetem Masse geeignet erweisen könnte. — Der Kamerun wird sich wohl als ein Fluss von weit grösserer Bedeutung, als man ihm seither beigelegt, ausweisen und oder auch der Ogowe, wie meine Erkundigungen über das hydrographische System im Süden der Wasserscheide zu bestätigen scheinen.

Somit wäre die Frage „Wo" genau beantwortet mit West-Afrika vom Niger bis zum Kongo, und das „Warum" hier und nicht anders wo, zugleich begründet.

Die zweite Frage: „Was" soll in diesem Gebiet (West-Afrika, vom Niger bis zum Kongo) geschehen, um der deutschen Volksneigung zu überseeischen Unternehmungen gerecht zu werden?

Die wissenschaftliche Kenntnis der genannten Gebiete soll bestmöglichst und nach allen Richtungen hin durch Stationsbeobachtung gefördert werden; das Gebiet soll durch diese insbesondere auf seine Produktionskraft und Produktionsfähigkeit also für deutsche Handelsinteressen untersucht werden, da der Handel Deutschlands nur durch eine seinen Bedürfnissen entsprechende nicht unbedeutende Erweiterung seines Absatzgebietes zu höherer Blüte gelangen kann, und auch um eventuell für Plantagenbau und selbst Kolonisation geeignete Gebiete ausfindig zu machen.

Aber „Wie" soll das geschehen und in welcher Weise ist am sichersten ein Erfolg von Bedeutung zu erwarten?

Das „Wie" ist natürlich ganz von den zur Verfügung stehenden Mitteln abhängig, und diese in genügender Quantität (denn Deutschland und Deutsche sehen immer mehr ein, dass sie nicht so arm sind im Verhältnis zu anderen Nationen, als man zu glauben sich gewöhnt hatte) vorausgesetzt, wozu wir heute Grund genug haben. Auch sind mir persönlich Angebote gemacht, die mich zu solcher Voraussetzung berechtigen.

Genügende Mittel also vorausgesetzt, schlage ich vor, eine Gesellschaft zu konstituieren oder der Afrikanischen Gesellschaft Mittel zur Verfügung zu stellen zum Zwecke der Förderung unserer wissenschaftlichen Erkenntnis, der Förderung und Entwickelung des deutschen Handels und event. auch der Anlage von Plantagen im westlichen Sudan mit der Wasserstrasse (Lagos, Victoria-Lagune, Wari) Niger-Benue (Mao Kebbi, Logone, Tsadsee, Schari) und Zuflüssen als Basis.

Um diese hohen Zwecke zu erreichen, welche mit der Zeit den durch zahlreiche gebrachte Opfer an Geld und kostbaren Menschenleben uns gebührenden Anteil am vielversprechenden Handel mit dem westlichen Sudan sichern werden, und uns eine Quelle des Wohlstandes, erleichterter und darum glücklicherer Lebensverhältnisse für viele tausende, jetzt unter sozialen Missständen notleidende Deutsche werden können, müsste zunächst für mehre Jahre trotz eines grossen Anlagekapitals von einem Verdienste überhaupt ganz abgesehen werden, denn es würde zunächst nötig sein, den Boden hier für die Saat zu bestellen, zu säen, dann der Aussaat auch die Zeit zu gönnen, zu keimen und zu wachsen. Ich will damit durchaus nicht sagen, dass rein kaufmännische, ganz ausschliesslich auf Gelderwerb gerichtete Unternehmungen hier keine Aussicht hätten, auch vor Ablauf mehrerer Jahre ein Geschäft zu machen, im Gegenteil ist auch diesen gerade hier ein grosses Feld offen, trotz der mächtigen englischen Konkurrenz.

Die deutsche Tüchtigkeit, Solidität, Umsicht, Sparsamkeit, die Umgangsfähigkeit, das Vermögen und der gute Wille, fremde

Sprachen leicht zu erlernen und sich fremden Verhältnissen
anzupassen, wird auch hier den Sieg zu erringen wissen. —
Aber es ist nötig, das Gebiet durch rein wissenschaftliche oder
wissenschaftlich-kommerzielle Stationen erforschen zu lassen durch
Herbeiziehen der verschiedensten Kräfte, Beschaffung von Trans-
portmitteln etc., dasselbe leicht zugänglich zu machen für alle
Interessenten und die Kenntnis desselben in die weitesten Kreise
Deutschlands zu tragen, um praktische Unternehmungen zu er-
leichtern und zu fördern und einzuleiten.

Kapitalien für die Ausführung dieser Ideen müssten von
opferwilligen Menschenfreunden und Patrioten hergegeben werden, um als Pflug zu dienen, den Acker zu bestellen, für
Andere wohl zumeist, wenn auch Landsleute. Es ist wohl
anzunehmen und zu hoffen, dass vielleicht auch neben der
Freude, der erste Hebel gewesen zu sein, der ein so viel ver-
sprechendes Unternehmen möglich machte, den hier gedachten
Menschenfreunden mit der Zeit durch wichtige Entdeckungen
von wertvollen, heut noch unbekannten Produkten des Pflanzen-
und des Mineralreiches auch ein pekuniärer Vorteil wird, aber
ebensowohl kann auch der entgegengesetzte Fall eintreten, dass
das darauf verwendete Kapital nur einfach seinen Zweck erfüllt: die wissenschaftlichen Erfahrungen und die auf den Wert
des Gebietes für Handelsunternehmungen zu erweitern, und
auch das wäre als ein gutes Resultat zu betrachten. Vorausgesetzt, dass die Leitung des Unternehmens in guten Händen
ruht, könnte in kurzer Zeit die Wasserverbindung nach Lagos
hin, die wichtigsten Arme und Hinterwasser des unteren Niger
sowohl als auch der untere Lauf der Benue-Zuflüsse und die
hypothetische Verbindung dieses Flusses mit dem Schari und
Tsadsee untersucht und die Resultate dieser Untersuchungen
mappiert sein. Es könnte ferner schon nach Ablauf eines
halben Jahres eine gründliche Kenntnis mit Zahlen nachzuweisen
und Probensammlungen von Import- und Exportartikeln (für
willige Unternehmer) über das Nigergeschäft und dessen faktischen
Wert erworben sein. Es könnten wichtige und interessante
Sammlungen zur Förderung aller Zweige der Wissenschaft an-

gelegt werden und manche wichtige Erkenntnis über die Natur des Landes und dessen Bewohner gewonnen, ja sogar — wenn das Glück dem Unternehmen besonders hold sein will — manches wichtige, reichen Verdienst abwerfende Produkt entdeckt worden sein, namentlich wenn noch eine phytochemische verlegbare Station beschafft wird und meine Methode, das Land durch freiwillige Arbeiter erforschen zu lassen, durchgeführt wird. Über die Ausführung siehe meine Vorschläge für das Riebecksche Unternehmen.

Die rein praktischen Unternehmungen sollten sich auf die Arbeiten jener: Flussaufnahmen, Studien über die Uferländer, über die noch unbekannten Produkte derselben etc. etc. stützen können, um so leichter über einige erste Schwierigkeiten hinweg zu kommen und festhalten zu können an der erwählten Bahn, um das grosse Ziel auch hier — wie in anderen Gebieten West-Afrikas — zu erreichen, für Deutschlands Handel die Vorherrschaft zu erringen.

Lagos, August 1884.

Ed. Robert Flegel.

---

29. Brief.

Berlin, den 24. November 1884.

Mein lieber, lieber Karl!

Warum bedauerst Du, nicht mit nach Afrika gegangen zu sein? Der Ruhm ist teuer erkauft mit den besten Jahren meines Lebens und Ruhm ist Seifenblase; aber glücklich bin ich wohl, mir durch mein Streben viel Liebe und Anerkennung erworben zu haben.

Berechtigte Wünsche treten an mich heran und doch darf ich ihnen nicht Gehör geben; ich muss bald wieder hinaus, vielleicht schon im Januar, die Zeit fordert es. Ich versuche eine grosse Handelsunternehmung ins Leben zu rufen. Die Leute glauben, meine und des deutschen Volkes etc. Wohlthäter zu sein, wenn sie für das Unternehmen zeichnen, oder wollen es wenigstens so aufgefasst wissen, obwohl sie ganz genau wissen, wie viel Prozent Verdienst sie haben müssen, um sich daran zu beteiligen.

Wie geht es Dir, lieber Bruder? Wer weiss, wann und ob ich Zeit haben werde, Dich im fernen Chersson zu besuchen; nach dem näheren Riga kann ich auch noch nicht der Kongo- und Nigerkonferenzen wegen.

Lass bald von Dir hören! Ich bin sehr in Anspruch genommen und darf mich all' den Anfragen und Anforderungen hier nicht entziehen.

Dein Dich liebender Bruder

Eduard.

30. Brief.

Berlin, den 5. Dezember 1884.

Mein lieber, lieber Karl!

Ich habe lange hin und her überlegt, wie ich es wohl einrichte, Dich zu sehen. Berlin kann ich jetzt nicht verlassen, vielleicht aber kannst Du es möglich machen, hierher zu kommen?

Wir müssen uns wiedersehen, das ist auch mir ein unleugbares Bedürfnis, bevor ich wieder hinausgehe, und ich muss nach Afrika zurück und zwar so bald als möglich, vielleicht schon im Januar. Ich habe auch Niemand, dem ich meine Papiere etc. anvertrauen kann, als Dich.

Überlege nun, ob es besser ist, dass wir uns um die Weihnachtszeit in Riga treffen, oder ob Du bis nach Berlin kommen und hier mein Gast für einige Zeit sein willst und kannst. Lass Deinen Bruder, wenn irgend mit Deinen Angelegenheiten vereinbar, nicht auf Dein Erscheinen warten.

Es ist ein närrisches Leben hier; ich komme zu gar nichts und bin doch täglich ungefähr 18 Stunden beschäftigt.

Anbei noch eine Anlage, aus der Du ersehen magst, was ich hier erstrebe.

Dein Dich herzlich liebender Bruder

Eduard.

Beilage.

S. T.

Die hohe Bedeutung Afrikas für die Ausbreitung des deutschen Import- und Export-Handels, für Berg- und Plantagenbau, ja selbst Kolonisation in geeigneten Gebieten, ist jetzt wohl allgemein anerkannt. Zweifelsohne sind hier aber die Stromgebiete des Kongo und des kataraktenfreien Niger-Benue die wichtigsten für jede Art Unternehmung, um so mehr, da wir mit Bestimmtheit darauf rechnen können, dass uns und der Welt die Handelsfreiheit und der freie Schifffahrtsverkehr auf diesen beiden mächtigen und schiffbarsten Wasseradern des Kontinents auf der bevorstehenden Konferenz zur Regelung westafrikanischer Fragen erhalten bleiben wird.

Der Niger-Benue namentlich gewinnt hierdurch an Interesse für uns und hat ausser seiner hohen allgemeinen Bedeutung für die Erschliessung und Ausnutzung des westlichen Sudan für uns Deutsche noch besondere Wichtigkeit dadurch, dass der Benue und seine südlichen Zuflüsse auf jenem mächtigen Scheidegebirge entspringen, welches seine Wasser einerseits zum Niger- und Tsadsystem sendet, andererseits zum Alt-Calabar, Kamerun, Ogowé und Kongo, und das vom Hochlande von Kamerun nur durch das Thal des mittleren Laufes des Alt-Calabar getrennt und also das eigentliche Hinterland von Kamerun ist, welches dem Verkehr erschlossen ist durch den Benue und einen Teil der genannten südlichen Wasseradern.

Dieses fruchtbare Hochland steigt in mittlerer Passhöhe bis zu 4500 und 5000 Fuss an und erreichen seine höchsten Gipfel 7—8000 Fuss, im Kamerungebirge bekanntlich über 13000 Fuss absoluter Höhe, was uns — wie ich aus Erfahrung bestätigen kann — ein gemässigtes gesundes Klima sichert, in welchem nicht nur alle Gewächse der Tropen, sondern auch die der gemässigten Zone gut gedeihen, sowie kostbare und nütz-

liche Mineralien sich finden werden. Dieses Gebiet empfiehlt
sich für praktische Unternehmungen besonders auch noch durch
seine grossartige viel und weithin verzweigte Hauptwasserader
und deren zahlreiche zum Teil nur bekannte direkte Wasserverbindungen mit anderen Wassersystemen, als: der grossen
Lagune vom Volta bis Alt-Calabar, deren hohe Bedeutung für
die Entwickelung des Handelsverkehrs nicht zu verkennen ist,
und der freilich noch hypothetischen Verbindung des Benue
mit dem Tsadsee vermittelst des Mao-Kebbi und der Tubori-
sümpfe, wodurch uns der ganze westliche Sudan bis an die
Wasserscheide des Nil hin erschlossen ist.

Der deutsche Kaufmann darf in diesem Gebiete auf einen
guten, sich stets steigernden Absatz deutscher Fabrikate rechnen,
denn die Bevölkerung kann dieselben schon nicht mehr ent-
behren und wird der grosse Handel, der seit Jahrhunderten
den westlichen Sudan mit dem Mittelmeere verband, sich bald
seiner natürlichen Verkehrsstrasse, des Niger-Benue, ganz ausschliesslich bedienen. Weitere Beweise für die Rentabilität
grösserer Unternehmungen im Niger-Benue-Gebiet sind: der in
stetem Zunehmen begriffene Handel der Engländer und Franzosen, wie aus den seit 1879 wohl verdreifachten Aus- und
Einfuhrwerten hervorgeht, ferner der Reichtum des Landes an
namentlich für deutsche Industriezweige wichtigen Produkten.

Das Niger-Benue-Gebiet liefert und könnte liefern: Palmöl,
Palmkerne, Kokosnüsse (Kopra), Sesam, Sheabutter, Erdnüsse,
Elfenbein, Kautschuk, Tabak, Kaffee, Kakao, vegetabilisches
Elfenbein. Gewürze: schwarzen und roten Pfeffer, Kubeben,
Ingwer, Curry. Droguen, höchst wertvolle und zahlreiche, als:
Quinin, Sassaparille. Farbstoffe: Indigo, Orseille. Hölzer:
Ebenholz aus Ibo, Hölzer für die Holzschneidekunst. Faser-
stoffe: vegetabilische und animalische. Harze: Gummikopal,
Harze zur Bereitung von Vogelleim. Reis, Mais, Guineakorn,
Weizen bei Jola, Jams. Aus dem Tierreiche: Felle, Häute,
Wachs, Honig, Horn. Aus dem Mineralreiche: Salze, Thone
(sehr feine), Kupfer, Zinn, Blei, Antimon, Eisen.

Andererseits finden gerade auch deutsche Fabrikate mit

Vorliebe hier ein gutes Absatzgebiet: Genèvre in Kisten, Rum in Demijohns (d. h. Korbflaschen) und Fässern, Gewehre, Salz, Steingutwaaren, Glaswaaren, Eisenwaaren etc., Kupfer und Messing in Stangen, Flanelle, Tuche etc. Dieser Bedarf ist unfraglich noch bedeutend zu steigern, sobald unsere Industrie den Bedürfnissen der Niger-Benue-Märkte etwas mehr entgegenkommt, welche die Produktionsfähigkeit des Landes noch lange nicht kennt. Es schlummern hier noch Schätze im Schosse der Berge wie im Dunkel des Waldes, die gehoben sein wollen.

Mit Rücksicht auf diese Thatsachen können wir der festen Überzeugung leben, dass bedeutende, sich stets erweiternde Handelsbeziehungen zwischen Deutschland und dem westlichen Sudan bald statthaben werden, um so eher, da es ein unleugbares Bedürfnis für den deutschen Handel und die deutsche Industrie ist, sich neue Absatzgebiete zu schaffen, und da sie sich vor keiner Konkurrenz — die im Niger wohl schon vorhanden ist — zu fürchten brauchen. Solche Überzeugung hat auch schon in den leitenden Kreisen unserer Geschäftswelt Eingang gefunden und wird es mehr und mehr, da das entschiedene Vorgehen unserer Regierung jedem Unternehmungslustigen Mut verleiht und es ja auch an Kapital bei uns durchaus nicht fehlt.

Der erste und wichtigste Schritt bei überseeischen Unternehmungen, wie namentlich auch hier im Niger-Benue-Gebiet, die Erwerbung von Grundbesitz, wenn auch nur kleiner für Faktorei-Anlage geeigneter Plätze, würde uns in gewissen Gebieten (unterer Niger namentlich) durch die englische Kompagnie „National African Company", die seit September 1883 nun auch den Benue bis Jola hinauf in den Kreis ihrer Thätigkeit gezogen hat, erschwert werden können, wenn wir jetzt nicht eilen. Diese Kompagnie fürchtet deutsche Konkurrenz, und mit gutem Grund, weil die unsere sich nicht abkaufen lassen wird, wie die französische, denn Ausdehnung des Handelsgebiets ist uns thatsächliches Bedürfnis.

Noch 1875, als ich zuerst an die Küste kam, wurde der Nigerhandel durch einzelne Expeditionen grösserer Seeschiffe

nur zur Zeit des höchsten Wasserstandes betrieben und waren
nur einige Faktoreien angelegt, die während der trockenen Zeit
meist verödet dastanden. Vier englische Firmen betrieben damals den anfangs sehr lohnenden Handel, der nur durch
schlechtes Menagement und unvernünftige Konkurrenz herab-
kam. — 1879 fand die Vereinigung dieser vier englischen
Häuser unter dem Namen „United African Company" statt und
wurden von dieser — da sie das Monopol in Händen hatte —
die Preise für Produkte sehr gedrückt, wodurch sich die Kompagnie den gründlichen Hass der Eingeborenen zugezogen hat.
Diese plötzlich eingetretene Entwertung der Landesprodukte zur
Zeit des ersten Monopols war mit Hauptursache der Revolution
in Nufe, dessen Herrscher durch Annahme grosser Geschenke,
wogegen er den Engländern ausschliesslich den Handel in
seinem Gebiete sicherte, sich unhaltbar gemacht hatte und auch
den Platz räumen musste.

Der „United African Company" wurde sodann 1880 durch
den Grafen de Semellé wieder Konkurrenz geschaffen in der
„Société française d'Afrique équatoriale", der sich später die
„Compagnie du Sénégal" anschloss. Letztere, sowie einige
kleinere Lagoshäuser haben wahrscheinlich gegen sehr gute Bezahlung ihre Faktoreien an die englische Gesellschaft, welche
1881 sich in eine „National African Company" verpuppte, verkauft, die um jeden Preis sich das Monopol wieder zu erringen
strebt. — Angesichts dieser grossen Ausgaben, welche die englische Gesellschaft in den letzten Jahren durch Ankauf von sehr
teuren und teils sehr unpraktischen Schiffen, verschiedene andere
Experimente und Übernahme der Faktoreien der „Compagnie
du Sénégal" sich gemacht, ist gerade jetzt dadurch ein sehr
günstiger Moment für deutsche Unternehmungen eingetreten.

Zur Erwerbung von Grundbesitz ist in erster Linie ein,
wenn auch nur kleines, Dampfschiff notwendig, das ca. 40 000 M.
kosten dürfte, mit Hilfe dessen müssten dann die Stromverhält-
nisse festgestellt und alle Arme, Hinterwasser, Zuflüsse und
Wasserverbindungen mit anderen Wassersystemen auf ihre Bedeutung für Handel und Verkehr untersucht, der Wert des Lan-

des für jede Art von Unternehmung festgestellt und die Markt-
verhältnisse genau erkundet werden.

**Kostenanschlag für diese Arbeit, Ausrüstungs- und Unter-
haltungskosten, Gehalte für die Angestellten etc.**

1 Ingenieur (Europäer), Gehalt...	etwa	3 500 M.	pro anno	
2 Feuerleute, je 2 Lstrl. pro Monat.	„	1 000	„	„ „
1 Koch, desgl.	„	500	„	„ „
4 Kruneger	„	1 000	„	„ „
2 verantwortliche Agenten	„	1 5000	„	„ „

An Gehalt 2 1 000 M. pro anno

Proviant für 12 Monate, Präserven und
Wein etc. von Europa für 3—4 Weisse 1 2 000 „
für etwa 7 Schwarze . . . . 3 000 „
Passage für dieselben . . . . 3 000 „
Waaren für Ankauf von frischem Fleisch und
andere Bedürfnisse für die Mitglieder der
Expedition . . . . 10 000 „
Reserveteile für das Schiff, Farbe, Öl etc. etc. 1 0 000 „
Eine Schute von Eisen, die der Dampfer
schleppen soll . . . . 1 2 000 „
Holz und Kohlen . . . . 10 000 „

Zusammen 81 000 M.

An Kosten des Unternehmens für 12 Monate also . . . . 81 000 M.
Schiff. . . . . 40 000 „

Gesamtsumme ca. 1 20000 M.

Hierdurch wäre das Unternehmen als gesichert zu betrachten und würde für ein Jahr bequem in Gang zu halten
sein, denn ich bin überzeugt, dass mein Kostenanschlag eher
zu hoch als zu niedrig gegriffen ist.

Obwohl ich noch meine wissenschaftlichen Reisepläne nicht
ganz abgeschlossen habe und wieder reichlich mit Mitteln von
der „Afrikanischen Gesellschaft" für dieselben versehen bin, so

bin ich doch gewillt und entschlossen, zunächst mich ganz den
Interessen des vorstehend geplanten Unternehmens zu widmen,
da dieses mir unter den Verhältnissen erste Pflicht scheint, als
langjähriger Träger der Idee und durch die neunjährige Erfahrung an der Westküste und im Niger-Benue-Gebiete — die
sonst niemand ausserdem für den Augenblick zur Verfügung
stellen kann. — Auch bin ich ja selbst Kaufmann und über
drei Jahre für das Haus G. L. Gaiser in West-Afrika (Lagos,
Palma, Porto-Novo) thätig gewesen.

Der „Afrikanischen Gesellschaft" bin ich verpflichtet, die
Route von Adamaua nach dem Kamerungebirge baldmöglichst
auszuführen. Dieser Plan steht so sehr in Verbindung mit der
praktischen Unternehmung und wird, wenn durchgeführt, deren
Bedeutung so sehr vergrössern, dass wohl Niemand Bedenken
tragen wird, wenn ich, nachdem alles gehörig im Gange ist,
die Arbeiten im Flussgebiete einem Stellvertreter für die kurze
Zeit dieser Reise überlasse, und auch die „Afrikanische Gesellschaft" wird mich sehr gern im Sinne des § 1 der Statuten für
ein solches Unternehmen zur Verfügung stellen.

Ich erbiete mich also im Interesse der Sache, dem oder
den Unternehmern

1. geeignete Plätze für Faktoreien und, wenn gewünscht,
   grössere Strecken Landes für Berg- $\frac{\text{und}}{\text{oder}}$ Plantagenbau durch Kauf $\frac{\text{und}}{\text{oder}}$ Verträge zu sichern,

2. Verträge mit den Eingeborenen zu Handelszwecken
   abzuschliessen,

3. die Faktoreien einzurichten,

4. die brauchbaren Tauschartikel nach bestem Ermessen
   und meiner Erfahrung auszuwählen und anzuschaffen,

5. die Leitung des ganzen Betriebes der Niger-Kompagnie in Afrika zu übernehmen, solange als die
   Interessen derselben dieses erfordern sollten.

Der durch seine Reisen, sowie durch seine ethnographische
Ausstellung in Berlin rühmlich bekannte Reisende Herr Dr.

E. Riebeck in Halle ist bereits in dankenswerter Weise mit der Bestellung eines Dampfschiffes für den Niger vorgegangen und wird sich bei Bildung der Gesellschaft mit weiteren Kapitalien beteiligen.

Die Firma Jantzen & Thormählen in Hamburg erbietet sich, die Geschäftsleitung des vorstehend geplanten Unternehmens unter später näher zu vereinbarenden Bedingungen zu übernehmen, und überreiche ich Ihnen diesem Zirkulare angebogen die Statuts-Bestimmungen für ein Konsortium zur Vorbereitung der Errichtung einer „Niger-Kompagnie" in zwei Exemplaren, wovon das eine zur Rücksendung an die Herren Jantzen & Thormählen in Hamburg bestimmt ist, nachdem das Formular für die Beteiligung ausgefüllt worden, das zweite aber zum Verbleiben in den Händen der als Mitglieder dem Konsortium Beigetretenen.

Ed. Robert Flegel,

Ehrenmitglied der Gesellschaft für Erdkunde in Berlin, des Deutschen Kolonialvereins und korrespondierendes Mitglied der Geographischen Gesellschaft in Hamburg.

---

31. Brief

Berlin, den 2. März 1885.

Mein liebster Bruder!

Du wirst mich gleichgiltig schelten und ich könnte Dir kaum widersprechen. Ich bin so kalt und so ganz anders als vor Jahren und doch ist meine Liebe nicht geringer geworden.

Ich bin hier sehr ausgezeichnet worden, zweimal bei Hofe zu Ball gewesen, beim Kaiser und beim Kronprinzen. Ich bin dem Kaiser und der Kaiserin vorgestellt worden, habe eine Audienz beim Reichskanzler Fürsten von Bismarck gehabt, habe mit Moltke, den verschiedenen Ministern und vielen grossen besternten Herren verkehrt, den Herzog von Ujest und manchen mehr kennen gelernt, auch beide Grafen Bismarck, Paul Lindau und manchen Künstler und Schriftsteller. Eine sehr grosse

Freude war mir auch die Einladung des Vereins deutscher Studenten, die mir einen kräftigen Salamander rieben.

Ich muss nun an die Abreise denken und mich rüsten zu neuem Thun, ehe mein alter Ruhm verblasst. Ich kam zu sehr guter Zeit nach Berlin; ich muss zur rechten Zeit zu gehen verstehen. Arbeit, das ist Leben!

Mit herzlichen Gruss

Dein Ed. Robert.

32. Brief.

Hamburg, den 5. April 1885.

Mein lieber Karl!

Vergieb, wenn ich Dir so wenig schreibe. Das Schiff hat mich der Heimat zwar noch nicht entführt, aber ich bin doch immer reichlich beschäftigt.

Mein kleiner Dampfer ist fertig, gestern haben wir Probe-fahrt gehalten. Die Konsuln A. und B., auch Sanitätsrat A. und dessen Söhne waren dabei. Das Schifflein heisst „Dr. Heinrich Barth", und somit ist endlich mein Wunsch erfüllt, dem Andenken dieses bedeutenden Forschers eine seiner grossen Hoffnungen freilich noch wenig entsprechende Genugthuung zu verschaffen, indem das Schifflein dazu bestimmt ist, im Sinne Barths an der Erschliessung des von ihm entdeckten wichtigen Benuegebietes mitzuwirken.

Der V. Geographentag steht vor der Thür; ich werde wohl noch hier sein, bin aber nicht mit auf der Liste der Redner, da ich eigentlich schon unterwegs zu sein glaubte.

Ersieh aus beifolgender Kopie mein Wirken, schreibe bald und behalte lieb Deinen Bruder

Eduard.

Beilage.

An den verehrlichen Vorstand

des Deutschen Kolonialvereins

zu Berlin.

Hiermit beehre ich mich, folgende Anträge zu der am 23. c. stattfindenden Sitzung ergebenst zu gütiger Beratung und Beschlussfassung einzureichen:

1. Wissenschaftlich-kommerzielle Stationen im Niger-Benuegebiet durch freiwillige Beiträge von Mitgliedern und

$\dfrac{und}{oder}$ von Seiten des Vereins zu begründen, sowie den

Reichstag[1]) um Unterstützung zu diesem Zweck um Bewilligung von 150000 M. zu bitten;

2. die Ausführung des von mir geplanten und durch Prospekt in allgemeinen Umrissen dargelegten Niger-Unternehmens zu fördern und lebensfähig zu machen.

Die Begründung des Antrages 1 ist, wenn eine solche überhaupt erforderlich sein sollte, im 3. Briefe meiner Druck-sache „An die Freunde Deutscher Afrikaforschung etc." gegeben. Die Begründung von Antrag 2 ist auch nicht erforderlich, da ja der Deutsche Kolonialverein „die Begründung von Handelsstationen als Ausgangspunkte für grössere Unternehmungen zu fördern" als Zweck des Vereins in seinen Satzungen aufführt.

Im Begriff, wieder nach Afrika zum Zweck der Fortsetzung meiner Forschungen zurückzukehren, glaube ich diese meine Interessen in keine besseren Hände legen zu können, als in die des Vorstandes des Deutschen Kolonialvereins.

Ich bin mit vorzüglicher Hochachtung

Ihr sehr ergebener

Ed. Robert Flegel.

Berlin, den 23. März 1885.

---

[1]) Die Petition gelangte nicht an den Reichstag, da der Kolonialverein es auf sich nahm, die 150000 M. selbst zu beschaffen.

P. S. Ich bemerke noch, dass die erste Station aus dem Erlös des von mir auf der letzten Reise mitgebrachten Elfenbeins (ca. 5000 M.) gegründet wird und ich der Hoffnung lebe, Nachfolger zu finden.

---

33. Brief.

An Bord der „Koanza", vor Hamburg,
den 12. April 1885.

Lieber Bruder!

Endlich bin ich unterwegs, abermals dem dunklen Erdteil entgegenschwimmend. Ich habe schöne, aber auch schwere Tage erlebt, viel Anerkennung und Liebe gefunden, aber auch wieder scheiden müssen von Allem, was mir lieb und wert geworden ist.

Die letzten Tage waren schön und erhebend durch die Versammlungen des V. Geographentages in Hamburg. Ich schicke Dir beigeschlossen einen Toast, den ich am Festabend auf Professor Neumayer ausbrachte, einen letzten Gruss von Deinem scheidenden, aber, so Gott will, bald wieder heimkehrenden Bruder.

Ich hoffe, dass wir uns bald wiedersehen und dann eine glückliche Zeit durchleben,

Dein Dich herzlich liebender Bruder

Eduard.

34. Brief.

An Bord der „Koanza", bei Teneriffa,
den 22. April 1885.

Mein lieber Bruder!

Herrliches Wetter und guter Wind begünstigt unsere Seefahrt bisher.

Ich bin nun Führer einer grossen Expedition, habe ein kleines Dampfschiff zur Verfügung und fünf weisse Begleiter, vier junge Gelehrte und einen Maschinisten, zwei davon ganz oder teilweise auf eigene Kosten. Die Madugus lassen Dich grüssen; sie freuen sich recht, wieder in die Heimat zu kommen, und will auch ich froh sein, wenn wir so weit sind. Es ist noch manche Schwierigkeit zu überwinden, wird aber auch, wie früher, mit Gottes Hilfe überwunden werden.

Ich bin wieder einmal recht thätig gewesen im Schreiben, habe für Perthes meine Besteigung des Kamerungebirges, für den Kolonialverein einen Plan zur Verwendung der 150000 M., welche durch öffentliche Sammlungen zur Ausführung meiner Ideen aufgebracht werden sollen, und für den Vorstand unserer Gesellschaft die Aufstellung sämtlicher Waren, Instrumente etc. für unsere Expedition in einer wohlgeordneten Generalübersicht der Ausrüstung beendet und noch manche Idee zur Verarbeitung unterwegs empfangen. Von der Eingabe an den Kolonialverein erhältst Du beifolgend Abschrift.

Dennoch, wie sehr ich auch stolz sein darf auf meine Thätigkeit und zufrieden sein sollte mit den errungenen Erfolgen, ich sehne mich doch sehr nach einiger Ruhe am eigenen Herd. Nun, auch die Zeit dafür wird hoffentlich kommen! Ob ich dann neue Wünsche haben werde? Ich glaube kaum.

Schreibe recht oft und eingehend und behalte lieb Deinen Bruder

Eduard.

Beilage.

P. S. „Koanza", 16. April 1885.

An den Vorstand

des Deutschen Kolonial-Vereins

Berlin.

Um alte Wünsche und Pläne verwirklicht zu sehen, erlaube ich mir Sie aufs neue auf alte Thatsachen, hinzuweisen. — Ich glaube behaupten zu dürfen, dass für die Niger-Benue-Gebiete die Zeit gekommen ist, wo die Gründung Deutscher Stationen baldmöglichst und in ausgedehntem Masse in

Angriff genommen werden muss, ich glaube behaupten zu
dürfen, dass wir hier die Pionierforschung beendet haben und
in jenes Stadium getreten sind, welches für weitere Erfolge
fordert, dass diese Gebiete baldmöglichst durch zahlreiche wissenschaftlich-kommerzielle Stationen der Spezialforschung und der Kultur zugänglich gemacht werden

Der Vorstand des Deutschen Kolonial-Vereines pflichtete
dieser meiner Anschauung in seinen Sitzungen, während der
zweiten Hälfte des Februar in Berlin einstimmig bei und er-
freute mich sehr durch die Annahme meiner beiden Anträge:

1. Unterstützung dieser meiner Pläne durch Beschaffung
   einer Summe von ca. 150,000 M., welche innerhalb
   des Vereines durch öffentliche Sammlung aufgebracht werden und der Afrikanischen Gesellschaft
   i. D. zur Verfügung gestellt werden sollte, für oben
   genannten Zweck und

2. Förderung der Konstituierung einer Deutschen Han-
   delsgesellschaft für Ex- und Import von und nach
   dem Niger-Benue-Gebiete.

Wohl ist mir leider zur Genüge bekannt, dass wenn
man Geld und zwar eine Summe von 150,000 Mark durch
öffentliche Sammlung beschaffen will, man sich den zeit-
gemässen Wünschen der verschiedensten Kreise wird anzu-
schmiegen haben, auch in der Begründung des Zweckes. Unser
nächstes Ziel muss sein eine gründliche Kenntnis des Gebietes
durch möglichst vielseitige Spezialforschung zu gewinnen und
wir wollen diplomatisch genug sein, der Aussenwelt gegenüber
ganz in der alten Weise gründlichster Gelehrsamkeit zu erscheinen — nein, es auch thatsächlich sein! Wenn wir schliesslich auch zu der Überzeugung durchgedrungen sind, dass es
höchste Zeit ist, die Errungenschaften unserer Gelehrsamkeit
praktisch zu verwerten, so brauchen wir das ja nicht durchaus
dem Auslande wiederholentlich zu versichern. Es wird genügen, das durch die That allein zu beweisen und um so
wirksamer sein. Gar zu ängstlich brauchen wir aber auch
nicht unsre eigentlichen Absichten zu verbergen. Eine offene

und wahrhafte Politik wird stets die wirksamste und erfolgreichste sein.

Nun ich meinem „gelobten Lande" d. h. dem Lande, dem ich meine Arbeitskraft gelobt, wieder entgegenschwimme, wächst auch die Überzeugung wieder in mir, wie viel noch dort zu thun übrig ist, und ich hoffe, dass der Aufruf inzwischen erlassen wurde und die Gelder für diese nationale Sache reichlich fliessen werden, denn ohne bedeutende Opfer kann bei so weitsichtigen Unternehmungen nichts geleistet werden. An tüchtiger Arbeitskraft, an Begeisterung und gutem Willen fehlt es unsrer Jugend für solche Unternehmungen nicht. Es fehlt nur an Kapital, diese zu unterstützen, damit sie zum Wohle des Vaterlandes sich bethätige. Mit Stolz und Freude denke ich an den schönen Abend zurück, da mich der Vorstand des Deutschen Kolonial-Vereins zu seinem Ehrenmitgliede ernannte, hierdurch gewann ich den Mut in den Februartagen dieses Jahres dem Vorstande meine Anträge zu stellen und froh und stolz war ich bewegt, dieselben so günstig beurteilen zu hören gerade von jenen Männern, welche die koloniale Sache mit so viel Opfermut und Entschiedenheit durch die schwierigsten Tage ihrer Entwicklung gesteuert. Ich glaube dem Vorstande des Deutschen Kolonial-Vereins versichern zu können, dass, wenn er mir die in Aussicht gestellte Summe von Rm. 150,000 für das Niger-Benue-Gebiet zur Verfügung stellt, er bald die Freude haben wird mehr Ehrenmitglieder zu ernennen, die meine schwachen Anfänge und Versuche, hier nützlich für die koloniale Sache zu wirken, in den Schatten stellen werden. Ich will bestrebt sein, inzwischen Alles vorzubereiten, um diesem Gelde — das gut zu verwalten, ich besonders stolz sein werde — einen guten Boden zu bereiten, um die Vorbedingungen für die Durchführung des für unsren Handel und unsre Industrie, für die nutzbringende Anlage unsres Kapitals durch Kultivation eines bedeutungsvollen Planes der schrittweise vorschreitenden Erschliessung der Gebiete zwischen Benue und Kongo zu schaffen. Über den Verlauf meiner eben angetretenen Expedition werde ich nicht ermangeln, Sie auf dem Laufenden zu halten, mit Gegenwärtigen, habe ich die Ehre, Ihnen einen Plan für die Verwendung der mir gütigst in Aussicht gestellten Unterstützungssumme von ca. Rm. 150,000 zu unterbreiten. Mit Beginn des Jahres 1886 hoffe ich teilweise oder ganz über dasselbe verfügen zu können.

Wohl haben gelehrte Gesellschaften für wissenschaftliche Zwecke schon verschiedentlich mit mehr oder weniger Erfolg Versuche gemacht die Nation zu freiwilligen Beiträgen heranzuziehen und mit Recht darauf hingewiesen, dass die Erfolge der reinen Wissenschaft stets in mehr oder weniger absehbarer Zeit der Nation auch praktisch zu Gute kommen. Nicht jedem aber ist es gegeben, diese Thatsachen stets vollkommen einzusehen, nichts desto weniger ist es eine Thatsache und sind es ausschliesslich die Erfolge der Wissenschaft, welche die annehmlichkeiten des Lebens fördern und uns am besten die immer zunehmenden Bedürfnisse desselben befriedigen lehren. Die Erkenntnis der Bedeutung der wissenschaftlichen Forschung — insbesondere der Afrikaforschung für Deutschland — für die Bedürfnisse der gesunden Entwicklung unsres Handels, unsres ganzen nationalen Lebens ist unverhältnismässig schnell vorgeschritten und scheint mir der eingehenderen Erläuterung heute nicht mehr zu bedürfen, wohl aber möchte ich betonen, dass es unter solchen Verhältnissen Pflicht wird, dass die Besitzenden unsrer Nation für die Afrikaforschung willig eintreten, dann erst wird die Afrikaforschung in der Lage sein, mit der wünschenswerten Kraft und in gehörigem Umfang zu arbeiten. Was auch der Staat für solche Zwecke bewilligen mag, es wird bei der steigenden Bedeutung und den sich mehrenden Anforderungen an dieselben nicht genügen, tritt nicht der Besitzende der Nation für den Forscher ein und beschafft den auf diesem Gebiete Arbeitswilligen und Arbeitsfähigen, deren Zahl nicht gering ist, die Mittel. Ein einzelner Forscher kann uns heute nicht viel nützen. Die gründliche, möglichst vielseitige, wissenschaftliche Kenntnis eines viele tausend Quadratmeilen grossen Gebietes kann mit der wünschenswerten Schnelligkeit nur durch möglichst zahlreiche, auf den verschiedensten

Gebieten tüchtige Männer gewonnen werden und muss vorerst gewonnen sein, wollen wir die Unternehmungslust in unsrer Heimat vor Missgriffen bewahren, und in die rechten unserm Volke nutzbringenden Bahnen leiten, was ja eine der schönsten Aufgaben des Kolonial-Vereins ist und jedes wahren Patrioten sein sollte.

Die Förderung der möglichst gründlichen wissenschaftlichen Kenntnis zu diesem Zwecke, sowie die Förderung und Entwickelung des deutschen Handels, der Anlage von Plantagen, von Niederlassungen zum Zwecke des Bergbaues etc. kann am besten durch Begründung möglichst zahlreicher Stationen und Aussendung möglichst zahlreicher williger Arbeiter jedes Standes gesichert werden und müsste meiner Ansicht nach das beregte Kapital verwendet werden:

1. Geeignete Transportmittel zu beschaffen auf der bekannten Wasserader Niger-Benue;

zum schnelleren freien Verkehr;

zur Explorierung der noch unbekannten, vielfachen Wasserverbindungen dieser mit andern Wassersystemen;

zur gründlichen Mappierung der schon bekannten, wie noch unbekannten Teile dieser wichtigen Verkehrswege;

zur Unterstützung jedes Deutschen, welcher das Gebiet aus eigner Anschauung für seine Privatinteressen kennen lernen will.

2. Stationen an bestgeeigneten Plätzen anzulegen, um Land und Volk von denselben aus durch Männer jedes Berufes kennen und beurteilen zu lernen;

um die Bedürfnisse der Bewohner zu studieren und wie dieselben am besten zu befriedigen sind; um das zu finden, zu entdecken was sie uns als Äquivalent für die Befriedigung ihrer Bedürfnisse bieten können;

um die Bewohner bekannt zu machen mit den Segnungen unsrer höhern Kultur, aber auch darauf besonders zu achten, dass sie möglichst nur die Segnungen derselben kennen lernen;

um die Sklavenkriege und den Sklavenhandel in friedlicher Weise zu beseitigen durch die Erkenntnis des hohen Werts der freien Arbeit unter geordneten Verhältnissen für Land, Volk und Landesoberhoheit. —

Diese Wünsche, die ich seit 1875 in mir trug und langsam immer weiter ausbaute, sie gehen der Erfüllung entgegen. Ich führe ein Schifflein mit mir hinüber, dass den Namen Barths trägt, den ich ihm schon vor Jahren gegeben; mit mir ziehen rüstige junge Männer hinaus voll frohen Mutes und voll freudiger Hoffnung, diese Ideen verwirklichen zu helfen, wir gehen hinüber, um endlich (nach 10 Jahren) die ersten deutschen Stationen am Benue anzulegen und ich bin überzeugt, wir werden Erfolge mit der Zeit zu verzeichnen haben. — Was auch kommen mag, das Benuegebiet, das uns ein Barth entdeckte, wo Eduard Vogel — der sein junges Leben in Afrika liess — wo Rohlfs und Nachtigal, nahe im Osten, pilgerten, wird uns zur weiteren segensreichen Thätigkeit nun bald ganz erschlossen sein und die Mitglieder des Deutschen Kolonialvereins späterer Tage werden auf dieses Vorgehen des gegenwärtigen Präsidiums mit Stolz zurückblicken, denn es giebt kein mit deutscher Forschung enger verknüpftes Gebiet in Afrika als das vom Tsadsee bis zum Kongo im Süden und Niger im Westen.

Ein Drittel des Kapitals sollte für Transportmittel, zwei Drittel für die Anlage von Stationen verwendet werden. Wie weit die kleine Dampfbarkasse „Dr. Heinrich Barth", die ich diesmal mit hinaus zu nehmen die Freude habe, den Bedürfnissen entsprechen wird, kann ich so ziemlich voraussagen. Sie musste in später Stunde hergestellt werden und wurde der Schiffskörper fertig gekauft; daher konnte an dem Tiefgang nichts geändert werden, sie ist besonders stark und fast vollkommen zweckentsprechend. Der geringe Laderaum wird dadurch ausgeglichen, dass sie gut schleppen kann. Nur dem einen Bedürfnis würde sie nicht genügen, auch zur trockenen Zeit Pionierarbeit zu leisten. Es würde also noch ein zweites Schiff, das namentlich nach dieser Richtung hin bei einiger Tragkraft (10—15 Tons) das Vollkommenste leistete, erwünscht sein.

Wo am geeignetsten Stationen zu errichten wären, dazu
will ich und meine Begleiter noch neue Erfahrungen auf dieser
Reise zusammentragen; jedenfalls werden die geeignetsten Punkte
möglichst weit im Osten und Süden zunächst zu suchen sein,
um mit dem Forschungsgebiet von Schweinfurth und Junker
und dem Kongo Fühlung zu bekommen; dann wird man dazu
schreiten müssen, diese Linien unter sich zu verbinden. Ich
hoffe, mit Beginn des neuen Jahres soweit zu sein, um mich
dieser Aufgabe unterziehen zu können und möchte empfehlen,
alsdann, wenn wir so weit sind, über Transportmittel auf dem
Niger-Benue verfügen zu können und einige Stationen zu besitzen, es jedem Deutschen freizustellen — vielleicht unter gewissen Bedingungen — sich derselben zu bedienen, um das
Gebiet mit verhältnismässig wenig Schwierigkeiten und Kosten
aus eigener Anschauung kennen zu lernen und so nach und
nach eine genaue Kenntnis desselben in die weitesten Kreise
unseres Vaterlandes zu tragen. Wer dann nicht die Reise
scheut — und es wird genug Deutsche geben, die etwas Zeit
und Geld daran wenden können und daran zu wenden Lust
haben —, möge vor allem zusehen, ob er in dem neuen Lande
für sich irgend einen praktischen Nutzen erreichen zu können
glaubt.

Diese Stationen müssten jedem Deutschen nach vorher-
gegangener Anfrage und Motivierung des mit dieser Reise ver-
folgten Zieles gastlich geöffnet sein und würden vor Allem
jungen Gelehrten jeder Wissenschaft von Gewinn werden —
und umgekehrt auch den Unternehmern durch ihre Forschungen
grosser Gewinn erwachsen. Vor allem würde ich die Anlage
einer verlegbaren phytochemischen Station im Sinne Oppen-
heims sofort empfehlen und dürfen wir uns ganz besondere
Erfolge von einer solchen — wenn unter der Leitung eines
tüchtigen Mannes, woran wir in Deutschland nicht Mangel
haben — versprechen. Die wissenschaftliche Arbeit würde in
dieser Weise von Freiwilligen ausgeführt werden, die mit Lust
und Eifer arbeiten und die Sache schnell dem Ziele entgegen-
führen würden. Und der Vorstand des Kolonialvereins würde

einer grösseren Zahl junger tüchtiger Männer, vornehmlich strebsamer junger Gelehrten, deren Deutschland eine grössere Zahl besitzt, als es im Staatshaushalt verwerten kann, Gelegenheit geboten haben — durch gastfreie Aufnahme und Beförderungsmittel — in einem hochinteressanten, noch so wenig durchforschten Lande, wie der westliche Sudan ist, sich die Rittersporen in ihrer Wissenschaft, sich einen Namen zu erwerben, der Kolonialverein würde solchen jungen Gelehrten die Gelegenheit geboten haben, ihre Kräfte eine Zeit lang zu gebrauchen, emporfliegen zu lernen über enge Verhältnisse hinaus und ihre Geistesschwingen zum eigenen Vorteil, wie zum Nutzen des Vaterlandes anwenden zu lernen. Aber nicht nur junge Gelehrte, auch die strebsame, von den Wundern und dem Glück jenseits des Meeres schwärmerisch träumende Jugend anderer Berufsklassen würde solche gebotene Vorteile gern ergreifen, junge Kaufleute werden es dem Kolonialverein danken, wenn sie hier Gelegenheit haben, ein Gebiet kennen zu lernen. in dem sie leichter zu einer selbständigen Stellung und gutem Verdienst gelangen, als das in Europa jetzt möglich ist bei der Überzahl tüchtiger Kräfte. Hier liegt noch ein weites Feld für merkantile Thätigkeit brach, das reichlich Früchte tragen wird, wenn, von Männern bestellt, die gründliche Kenntnis der Lokalverhältnisse sich erworben haben und thätigen regen Charakters sind.

In diesem Sinne, glaube ich, wird das Geld, welches von der Nation kommt, fruchtbringend für dieselbe angelegt sein.

Ed. Robert Flegel,
Ehrenmitglied des deutschen Kolonialvereins.

---

35. Brief.

Bakundi am Tarabba, den 14. Oktober 1885.

Lieber Bruder!

Vergieb, wenn ich Dir so lange nicht geschrieben! Ich führe ein hartes Leben voll Not und Sorge um meine Ziele und noch dazu um das Wohlbefinden und Leben meiner Begleiter. Zwei habe ich zurückschicken müssen und ein dritter, der Beste, Willenskräftigste, war so elend, dass ich fürchten musste ihn zu verlieren.

Glück und Unglück gehen Hand in Hand, sind, so schien es mir zuweilen, ein Zwillingsbruderpaar; weiss man sie doch oft nicht zu unterscheiden und es kann einem armen Menschenkinde oft so vorkommen, als wäre das erstere bei uns, während es doch thatsächlich das letztere ist, und umgekehrt.

Ich kann doch wahrhaftig nicht klagen, nur dem Geschick dankbar sein für alles Gute, das mir seither zu teil geworden und doch fühle ich mich in letzter Zeit zuweilen so unglücklich, dass ich nicht frei über mich verfügen, mir und meinen Lieben nicht einige Zeit ausschliesslich angehören kann, jetzt oder wenigstens bald. Die Pflicht bannt mich indes wieder in die Ferne, Gott weiss, für welche Zeit, nachdem sich die Verhältnisse so sehr geändert haben.

Unter den gegenwärtigen Umständen, wo der Kolonialverein drucken lässt: „Was Flegel jetzt anstrebt, soll unserem ganzen Volke einst zu gute kommen." und eine Art Nationalsammlung für meine Ideen im Gange ist, darf ich nicht heimkehren, bevor meine Aufgaben nicht durchgeführt sind.

Wie geht es Dir, lieber Bruder? Hoffentlich gut! Hoffentlich, was kann der beste Wille und alles Wünschen nützen? Da ist Unkenntnis, da ist der trennende Raum und so fort. Wie viel Zeit hatten wir in der Jugend und jetzt wie wenig! Ich wollte, ich könnte bei Dir sein, mit Dir plaudern und philosophieren wie einst, und gönnte jedem Narren, dem Ruhm mehr wert ist als Liebe, allen Ruhm, den ich geerntet und noch eventuell ernten werde, so das gute Glück und der Zufall freundlich für mich thätig sind.

Garantien für die Zukunft konnte man mir in Berlin nicht geben und doch muss ich jetzt anfangen, auch an mich zu denken, seit ich mich verlobt. Wovon soll ich einst leben, wenn diese gehaltlose, d. h. mir nicht bezahlte Thätigkeit noch einige Jahre währt? Ich werde viel zu verdienen nachher nichts mehr taugen und bin doch darauf angewiesen, mich und meine Familie, so Gott will, zu unterhalten durch eigene Kraft. Jetzt habe ich mein 33. Jahr vollendet, die beste Zeit ist vorüber, der Höhepunkt des Lebens fast erreicht und bald passt auch auf mich: „Es neigt sich zur Wende dein Stern!" Wenn ich nicht gar so glücklich wäre und überzeugt, dass ich glücklich mache durch meine Liebe, so könnte ich mir fast Vorwürfe machen, sie offenbart zu haben.

Meine Arbeit hier geht nur langsam vorwärts. Ich bin jetzt daran, die erste deutsche Station zu errichten, wobei Madugu Mai-Gassin-Baki hilft. Nachdem zwei meiner Begleiter krankheitshalber nach Deutschland zurückgekehrt waren, trug ich den Herren Staudinger und Hartert an, die kaiserlichen Geschenke nach Sokoto zu bringen, während ich nach Jola mit dem Dampfer ging, woselbst ich aber infolge des schroffen Auftretens der Engländer die Situation so verändert fand, dass ich gezwungen bin, über Gaschka nach Jola zu gelangen.

Zuweilen überkommt meine Seele der drückende Gedanke, dass die Feindseligkeit der englischen Kompagnie, wenn Deutschland nicht entschieden für mich eintritt, doch noch alles lähmt, was ich in vieljähriger Arbeit hier erstrebt. Indess, ich will auf meinem Posten ausharren und einer Gerechtigkeit im Grossen vertrauen, die zuweilen spät erfüllt, aber nicht vergisst."

Mit herzlichem Gruss Dein Dich liebender Bruder

Ed. Robert Flegel.

Druck von Emil Herrmann senior in Leipzig.